ESG is critical to long-term success

21C 기업 생존 프로젝트

ESG 경영

저자 정용영

John Wesley 1760

"우리는 생명을 희생해 돈을 벌어서는 안 되며,
우리의 건강을 희생해 돈을 벌어서도 안 된다."

추천사

한국산업보건 협회 이사장 **백 헌 기**

한국기술교육대 고용서비스정책과 학과장 **장 신 철**

노사관계고위지도자과정 동문회 회장/한국노총부위원장 **김 현 중**

노무법인 더 휴먼 겸 고려대 법학박사 **구 건 서**

전)우정노조 위원장, 미래노사상생협회 이사장 **이 항 구**

KT 노동조합위원장, 한국노총 정보통신연맹 위원장 **최 장 복**

한국열린사이버대 디지털비즈니스학과 특임교수/S&N Solution
대표 **유 준**

한국기술교육대 산업공학과 교수 **이 우 영**

서울 미디어 대학원 대학교 총장 **김 광 수**

BT Global Service Korea 대표이사 **이 호 길**

전) 한국노총금속연맹 위원장/한국노총 사무총장 **이 병 균**

서울시 사회 서비스원 기획실장 **구 자 현**

IMPACT Group Korea 대표 **채 희 훈**

기업의 장기 존속 가능성은 자신이 속한 사회에 얼마나 책임감을 갖느냐에 달려 있다. 한편 사회의 안녕은 이윤을 내면서도 책임을 다하는 기업에 달려 있다. ESG는 이러한 물음에 답을 주고 있다.

(사)대한산업보건협회 이사장 **백 헌 기**

고용 및 노동환경의 변화와 더불어 복지 증진을 위한 ESG경영 활동을 잘 실천한다면 중소, 중견기업에게는 최고의 기회가 될 수 있다고 확신한다.

전),우정노조 위원장, 현,(사)미래노사상생지원협회 이사장 **이 항 구**

2025년부터 자산이 2조원이 넘는 상장기업은 친환경, 사회적 활동을 수행한 '지속가능경영 보고서'를 공시하도록 명문화 했다. 따라서 이제는 모든 기업이 이를 준비해야 하는 상황에 직면했다. 이러 기회에 길라잡이가 되었으면 하는 바램이다.

서울 미디어 대학원 대학교 총장 **김 광 수**

글로벌 시대에 낙오되지 않기 위해서는 협력업체와의 ESG경영은 당연한 과정이다. 이는 세계적 흐름이며 향후 기업에서는 ESG 경영이 선택이나 협의 사항이 아니라 필연적으로 도입해야 할 필수사항이 되었다.

한국기술교육대 고용서비스정책과 학과장 **장 신 철**

수출주도 대한민국의 현실에서 ESG경영은 선택지가 아니라는 것이다. 이번기회에 중소기업이 선제적으로 대응한다면 글로벌 공급망에서 큰 부분을 차지하는 중국 기업의 자리를 대체할 수 있는 기회요인으로 보인다.

전,BT Global Service Korea, 현,realwear korea 대표이사 **이 호 길**

4차 산업 시대에 사회적 체계의 변화 속에서 새로운 기술의 도입을 통한 혁신이 필요하다. 이 과정에서 간과되는 것이 노동의 역할이나 노동의 의미가 소외될 가능성이 있다. 하지만 노동력의 배제는 완전한 혁신이 이루어 질수 없다는 것이 선진국에서 선 경험한 사례를 볼 수가 있다. ESG 사례를 통하여 새로운 사회가치에 대한 이해를 높였으면 한다.

노사관계고위지도자과정 총 동문회 회장/한국노총부위원장 김 현 중

중소기업에서는 예산, 인력 부족 그리고 정확한 ESG 개념을 이해하지 못하고 있는 현실이다. 특히 중소기업에서 주로 필요한 요소는 환경분야(E), G(지배구조)가 아니라 사회분야(S)에 대한 개선에 어려움을 겪고 있다. 따라서 현재 진행 중인 일터혁신 컨설팅을 수행했던 기업의 성과를 공유한다면 이러한 어려움을 해결할 수 있는 기회가 될 것으로 판단된다.

한국열린사이버대 디지털비즈니스학과 특임교수/S&N Solution 대표 유 준

ESG는 E(환경),S(사회가치),G(지배구조)로 요약되는 내용이지만 이 세 가지 요소는 각각 상호 연계되어 있으며 이중 한 가지라도 소홀이 하면 ESG경영은 진정한 활동이나 평가는 불가능 하다고 결론을 내리고 싶다. 덧붙여 ESG 열풍이 부는 현재와 함께 그 이후의 ESG도 고민해야 한다. 우리가 현재 이해하고 실천하는 것의 기준은 논의의 시작점이지 종착점이 아니기 때문이다.

한국기술교육대 산업공학과 교수 이 우 영

따뜻한 마음의 현실주의자가 되고 싶다. 우리는 경제적 사회생활이 없이는 살 수 없다. 동시에 사람을 존중하고 공유목적에 헌신하는 공동체를 만들기 위해 애쓰는 사람이다. 공동체 안에서 지속가능 생존과 성장을 이어가야 한다. 우리 가족, 사회, 이 행성(지구)을 생각하고 같이 공존하는 생명체 들과의 삶을 따뜻한 마음으로 지켜보아야 하며 무엇을 해야 할 지를 알아가고 실천하는 것이 우리의 마주한 현실이다.

IMPACT Group Korea 대표 채 희 훈

2021년 현재, 우리는 역사상 유례없는 강력한 신기술의 혁명 속에 살고 있다. 새로운 하이테크 혁명은 수많은 사람들에게 기회를 주기도 한다. 과거와 비교할 때 고용 및 노동환경의 변화와 더불어 복지 증진을 위한 ESG경영 활동을 잘 실천한다면 중소, 중견기업에게는 최고의 기회가 될 수 있다고 확신한다.

한국노총 정보통신연맹 겸 KT노동조합위원장 위원장 최 장 복

우크라이나-러시아 전쟁을 바라보며 지속가능 세상을 꿈꾸는 것이 일면 공허한 느낌이 드는 부분도 있다. 아이러니하고 인간성 말살의 비정함과 비참함이 공존하는 이때, 세계화의 그늘이 우리를 암울하게도 하지만, 그래도 미래를 보고 후손을 위한 조그마한 운동이 ESG속에 그나마 조금 묻어 나 있는 것 같다.

전) 한국노총금속연맹 위원장/한국노총 사무총장 이 병 균

목차

서문

01

30여 년 간 노동운동과 노사관련 공공기관에 재직했던 경험을 가장 적절하게 활용하는 기회가 무엇일까? 퇴직이후 어떻게 활용할 것인가에 대한 고민이 있었다.

100세 시대를 맞아 퇴직하거나 일찍 은퇴한 대부분의 중장년들의 고민은 비슷하다고 본다. 경제적 문제를 떠나 무엇을 어떻게 할 것인가에 대한 해답은 없다.

그런데 2019년 나에게 찾아온 미래의 고민거리를 해소해주는 단어를 찾아냈다. 이것이 ESG였다. 관계되는 모든 자료, 영상 그리고 ESG 수행전문기관까지 다양하게 섭렵하면서 하나하나 그 실마리를 찾아가는 길은 참으로 흥미로웠다. 처음 노사발전재단을 설립한 이후 사업을 수행하기 위해 전국 방방곡곡을 다니면서 사업을 설명하던 2007년 그 시절의 내 자신을 돌아 보는 기회였다.

ESG에서 논의하고자 하는 환경문제, 사회, 그리고 거버넌스의 문제의식은 현재를 살아가는 모든 행동반경에서 크게 벗어나지 않는다. 이미 우리는 깊숙이 이러한 문제에서 고민해왔고 해결방안을 서서히 찾고 있으며 좀 더 나은 세상을 후대에게 물려줄 준비를 하고 있었다.

특히, 필자의 직장 경험은 소위 S "사회" 분야에서 종사했음에도 객관화된 지표나 이를 인증할 수 없는 상황에서 이제는 지표화 할 수 있는 기회가 되었다는 것이다.

한 예로 '노사문제' 관련해서 이를 정량화 할 기회는 거의 존재하지 않는다. 이유는 간단하다. 기업은 한 잣대로 평가해서 이를 수치화 한다는 것은 불가능하기 때문이다. 기업의 문화, 업종, 지역이 다르고 더구나 기업별 노조형태에서 여러 변수가 존재하기 때문에 객관화된 지표는 가능하지 않다.

그러나 이러한 사회분야의 가치 평가가 이제는 가능해진 것은 단언컨대 ESG가치 평가다.

하지만 이러한 평가를 하기 전에 우리가 알아야 될 것은 ESG가 던지는 문제의식이 선결되어야 한다. 즉, 환경. 기후, 사회분야 그리고 거버넌스의 구조적인 문제와 우리사회가 공동으로 고민할 수 밖에 없는 현 시대에 대한 성찰이 필요한 것이다. 이러한 성찰을 하기 시작한다면, ESG는 과거, 현재 그리고 미래까지 이슈와 흐름 중심이라는 것을 이해 할 수 있다.

그렇다면,
"ESG는 개인의 문제의식인가? 기업의 문제의식인가? 아니면 국가의 문제인가?". 여기서 부터는 전반적인 지식과 상식의 접근이 필요하다. 최근의 관심사에서 크게 벗어나지 않는 미디어에서 접하는 환경, 기후 변화에 대해서 관심있게 그리고 자세히 알 수 있었고, 자본가 노동자의 관계가 구체화된 산업혁명시대를 다시 돌아 볼 수 있었고, 산업 발전의 시금석이 되었던 금융자산에 대한 기업의 행동반경에 대해서도 공부할 기회가 되었다.

다만, 분명한 사실이 있다. 전 지구적으로 가장 시급한 환경문제는 근대문명의 성장과 맞바꾼 것이기에 오늘날 그 문명을 누리는 개인, 기업, 국가가 모두 감내하고 더 이상 훼손 되지 않도록 노력하고 복구해야 한다는 점이다. 더구나 이제 원인 제공자인 선진국을 중심으로 우선적으로 예산과 인력을 아낌없이 투자해야 한다. 앞서 자본을 가지고 충분히 풍요를 누렸기에 좀 더 선제적이여야 하며 모든 지구의 환경이 더 이상 나빠지지 않도록 해야 할 의무가 있다. 그리고 향후 열매의 과실은 공평히 나누어야 된다.

이제 ESG는 선택지가 아니라는 사실을 주목해야 한다. 그 이유는 여러 요인이 존재하지만 몇 가지 간추려 보자.

첫째, 돈의 흐름이 ESG로 가고 있다.

대한상공회의소가 조사한 바에 따르면 개인이 특정한 기업의 제품을 구매할 때 과거처럼 값싸고 품질도 중요하지만 실제로 그보다 더 중요한 것이 그 제품을 만드는 회사가 E와 S와 G로 좋은 회사라고 우리가 알고 있다면 실제로 추가로 돈을 지불하겠다는 응답자가 약 88%라는 결과를 발표했다.

한편 우리나라 ESG 투자규모는 2019년 33조 2,350억 원에서 2020년 약 105조 수준으로 성장하였다. 사회책임투자채권도 2018년 최초 상장 이후 최근 (2021.9.23. 기준) 145조 이상으로 늘어났다. 자본이 ESG로 대이동 하고 있다. 이는 자본조달을 통하여 비즈니스를 수행하는 기업이 ESG를 외면할 수 없는 핵심 이유이다.

글로벌 지속가능 투자연합에 따르면 2020년 말 ESG 투자 규모는 53조 3천억 달러이며, 도이치뱅크는 ESG 의무가 유지될 경우 2035년에는 160조 달러 이상으로 성장한다는 보고서를 낸 바 있다. 블룸버그에 따르면 지속가능채권 규모도 2019년 5,659억 달러에서 2020년에는 7,320억 달러로 급증하였다.

둘째, 탄소 중립에 90만 명 일자리 잃다, 고용충격에 노출된다.

고용부 발표에 따르면 2050년 탄소 중립을 실현하기 위한 저탄소 정책 추진으로 내연기관 자동차와 석탄 화력 발전 관련 종사자 90만여 명이 피해를 볼 것으로 예상된다. 급격한 산업 구조 변화에 따라 노동력의 신산업 이동이 불가피해짐에 따라 수많은 노동자들이 구조 조정 위기에 직면한다는 얘기다.

셋째, 탄소 중립을 위한 산업 구조 변화로 노동 전환이 집중될 것으로 예상된다.

내연차에서는 전기차 등 친환경차로의 전환이 일러짐에 따라 현대차·기아 등 한국 완성차 기업의 12만6000여 명과 협력사 9000여 곳의 22만여 명이 고용 충격에 노출된다. 특히 2030년까지 출시되는 신차 중 수소·전기차 등 친환경차의 비율이 3분의 1로 낮아지면 엔진과 동력 전달 장치 등 내연차 전용 부품 생산 협력사를 중심으로 일자리가 없어질 것으로 예상된다. 또 내연차 정비와 판매 영업, 주유 운송·주유소 분야 등에서도 일자리를 잃는 인원이 다수 발생할 수 있다. 2018년 기준 자동차 정비와 판매 영업에 종사하는 이들은 28만여 명, 주유 운송·주유소 분야에서 일하는 이들은 26만여명 수준이다. 이러한 산업 구조 변화는 현재 우리 사회의 새로운 직업에 대한 인식 전환과 더불어 의식변화에도 크게 영향을 미치리라 본다.

넷째, ESG를 통하여 더 나은 세계를 만들어 갈 수 있다는 확신을 가지고 있다.

산업 혁명이후 자본주의는 이미 많은 양적, 질적 성장을 이뤄냈다. 하지만 그 동력은 이미 소실되고 있다. 그 원인은 자원의 무분별한 낭비로 인하여 부메랑이 되고 있다는 사실이다. 이는 특정지역에 한정 된 것이 아니라 전 세계적인 현상인 것이다. 특히 환경오염과 기후위기는 주주자본주의와 이기적 행동과 치유에 대한 고민이 없던 배제적 성장과정이 초래한 것이다. 그러다 보니 이제는 강제적인 수단과 법적 제재로 틀 거리를 만들었고 전 세계적으로 상호 감시하는 것이다. 특히 자본이 가장 꽃을 피우고 있는 미국과 EU는 이러한 행동에 사활을 걸고 있다. 왜냐하면 이러한 방향이 선택이 아니라 필수라는 인식의 공감대가 형성된 것이다.

미 하버드대 연구진은 국제학술지 '랜싯'에 꿀벌 등 꽃가루 매개 곤충이 사라지면 매년 142만 명 이상이 숨질 것이라는 전망을 내놨다. 일반상대성이론을 내놓은 아인슈타인은 "꿀벌이 지구에서 사라지면 4년 안에 인류도 사라 진다"고 예언했다.

단지 꿀벌의 생태계만이 우리의 미래를 암울하게 하지는 않을 것이다. 그 외에도 수 만 가지의 불확실하고 예측되지 않는 변수가 얼마든지 위협의 요소로 작용하고 있다.

한때 미래학자들은 인류는 미래에 자원의 고갈로 인하여 지구상에서 생존의 위협을 예견했다. 이제 그 보다는 환경으로 인한 생태계의 교란으로 서서히 죽어가는 지구에서 몸부림 치는 미래의 우리를 볼 것이다. 마치 의술의 발달로 인하여 인체의 다양한 암을 찾아 치료하고 있지만 그중에서도 악성 암은 죽음을 앞두고 발견되는 이치와 다를 바가 없다. 그래도 암은 개인문제로 본인이 철저히 관리한다면 치유가능성이 높지만 환경은 나만의 문제가 아니라는 것이다.

우리가 오늘부터 해야 할 일은 개인은 내 주변, 기업은 내 조직, 국가는 우리사회가 준비해야 될 것에 대한 고민을 하고 행동해야 한다. 우리가 고민하는 것은 이제 생존이라는 엄연한 현실을 직시해야 할 때이다. 우리 스스로 ESG에서 말하는 질문을 하나하나 현실과 연계하여 고민하고 실천해야 할 때라는 것을 내 스스로 묻고 싶다.

2022년 4월중 상춘의 계절에,,,,

왜 ESG 경영을 해야 하는가?

02

2. 왜 ESG 경영을 해야 하는가?

2020년 초부터 인류가 한 번도 경험하지 못한 '블랙스완'(Black Swan, 도저히 일어날 것 같지 않은 사건)이 발생한지 2년이 흘러버렸다. 올림픽이 연기되고 모든 스포츠 경기가 축소되거나 취소되었다. 사람이 모일 수 있는 모든 축제가 연기되었고 모든 초,중,고,대학교가 휴교했다. 학교에서는 온라인 수업이 도입되었다. 기업은 재택이 시작되었고 우리가 그동안 살았던 문화, 환경 그리고 생활습관까지를 모두 바꿔놓았다.

코로나 사태는 전 세계 경제를 얼어붙게 만들었다. 불황을 견디지 못해 파산하는 사업체가 속출했고, 대규모 실직사태가 이어지고 이 위기는 금융시장 위기로 이어졌다. 현재 상황으로 볼 때 대부분의 전문가들은 20세기 초 세계 공항보다 더 큰 규모의 공항이 도래할 것으로 보고 있다. 과거의 공항이 진행된 과정을 보면 대 공항 이후는 항상 대 전쟁으로 이어지는 패턴이 있었다. 전문가들은 코로나가 초래한 경제 위기가 또 하나의 큰 대 전쟁을 촉발할 것을 우려한다.

현재 대한민국에서 ESG 경영에 관한 관심은 가히 폭발적이다. 특히 대기업을 중심으로 지속가능 경영을 위하여 ESG는 필수가 되었고, 각 지자체 및 공기업은 경영보고서에서 "ESG 경영보고서"가 일반화 되었다. 이러한 시기에 ESG경영이 관심사로 등장한 이유는 무엇인가? 그리고 왜 ESG 경영을 해야 하는가? 그리고 왜 코로나 사태가 창궐하는 이 시대에 열기가 뜨겁게 몰아치고 있을까? 그렇다면 이러한 열기가 잠시 몰아치는 경영의 패러다임이 아닌가? 우리 기업에서는 어떻게 준비해야 할까? 등 궁금증과 고민을 하게 된다.

이제 차분히 우리사회가 이러한 변화속에서 개인과 기업 그리고 국가의 역할과 책임에 관한 담론을 그려보고자 한다. 결국,지구의 환경 보호는 모든 인류의 문제이며 생존의 문제이고, 사회는 산업구조의 변화 속에서 당연한 과정이며 그래야만 되는 시대가 도래해다고 본다.

덧붙여 ESG 열풍이 부는 현재와 함께 이후의 ESG도 고민해야 한다. 우리가 현재 이해하고 실천하는 것의 기준은 논의의 시작점이지 종착점이 아니기 때문이다.

대한민국에 사는 우리는 현재 행복한가?

2021년을 기준으로 1인당 국민 소득이 3만 5,168달러를 기록했다. 이 정도면 인구가 5천 만 명이 넘는 나라들과 비교 했을 때 세계 6위정도이다. 2017년 3만 달러를 돌파한 이래 5년째 지속적으로 상승하고 있는 것도 고무적이다. 여기에 경제 규모면에서도 세계 10위에 위치해 있다. 반도체나 조선, 화학 등 몇 몇 업종은 이미 세계적으로 충분한 경쟁력을 갖췄다. 지정학적으로, 정치적으로, 천연자원에서도 불리한 우리 현실로 볼 때 대단한 성과는 분명하다. 모든 면에서 이제 우리는 진정한 선진국으로 분류되어도 이상할 것 없는 자랑 스런 국가다.

하지만 우리의 현실에서는 과연 성장의 혜택을 고루 나눠지고 있는지에 대해서는 의문을 갖게 만든다. 또한 대한민국의 사회시스템이 선진국의 기준만큼 눈높이가 올라갔는가에 대해서는 가치평가를 분명해야한다. OECD에서 보고되는 통계를 보면 노인 빈곤율, 자살율, 산재사망률 그리고 기타의 여러 사회 환경 조건은 높게 나타난다. 빈곤국가 또는 우리보다 GDP가 한참 아래인 국가에서나 나타나는 현상이다. 이러다 보니 우리가 과연 선진국인가? 그리고 진짜 세계 경제10위의 경제대국인가? 라는 의문표를 던진다.

이러한 의문점의 기본은 불평등에서 시작된다. 즉 전반적인 사회 배분의 문제가 발생했을 시 이를 해소하는 적극적인 노력과 성과가 부족했던 것이다. 이것에 대한 해소는 오랜 기간 사회 공동체가 합의해야 하고 국가는 당연히 이를 뒷받침해야 하는 의무가 동행될 때 비로소 평등한 사회가 구성되는 것이다. 서구 선진국들의 사례를 보면 장기간 갈등을 거치면서 사회적합의 과정 속에서 다양한 구성원들의 이해관계가 숙성되었고 이것이 사회의 규범과 규칙으로 승화된 역사를 가지고 있다. 즉, 그 사회의 문화로 자리 잡았고 우리는 이러한 국가를 선진국이라 부르고 있다. 하지만 이런 흐름의 과정에서 우리가 근대사에서 봤듯이 미국사회가 흑백갈등으로 남북전쟁을 겪었고, 프랑스 혁명으로 민주화를 이뤘고, 독일의 바이마르 헌법을 기초하면서 근대국가의 기틀을 마련했다. 반면에 대한민국이 근대국가로서의 역사와 기업의 성장 역사의 과정에서 볼 때 이러한 노력을 할 기회가 없었다. 해방과 6.25를 겪고 세계에서도 최빈국가에서 현재의 위치에 올라올 때 까지 성장이 우선이었고 배분은 그 다음이었다. 7,80년대 압축 경제 성장으로 단기간의 경제성장은 이뤘지만 내면의 요소는 필연적으로 나타날 수 밖에 없었다. 이제는 성장과 배분 그리고 복지를 통한 사회 안정 등으로 국민은 행복해야 한다. 하지만 소위 선진국병이라고 할 수 있는 불평등에 대한 갈등과 이를 치유하는 정치적 역할과 기업의 책임은 지속될 수 밖에 없다. 단기간에 해결될 수는 없는 것이다.

그러나 다행스럽게도 ESG는 이러한 사회개혁과 사회합의 대한 정확한 문제의식을 우리에게 던져주고 있다.

2-2 ESG는 코로나시대 "도약의 기회"가 되고 있다.

흔히 ESG는 E(환경), S(사회). G(기업지배구조)다. 이를 등한시 하고는 국가적으로 수출은 물론 기업은 성장과 비젼을 얘기할 수 없다. 특히 대한민국이 한 단계 도약을 위해서 반드시 개선하고 해소해야 될 사회분야는 경제성장과 성과에 대한 분배에 달려있다. 이를 해소 못하는 한 한 단계 도약은 불가능하다. 이것이 사회구조적인 불평등을 해소해야 할 것임은 모두 짐작하고 있다. 이제는 ESG가 선택이 아닌 꼭 해야만 되는 필수 조건이 되었다. 90%이상을 수출하는 대한민국 입장에서 국가는 사회갈등을 해소할 대안을 제시해야 할 것이고 기업은 이제 이를 행동으로 옮겨야 하는 당위성이 성립된 것이다.

다행히 ESG열풍이 코로나 시대를 맞아 우리에게 절실하고 현실적으로 다가왔다. 더구나 2021년 정부에서도 ESG를 정책의 우선 순위에 놓고 범정부적으로 대응하기 시작했다. 예측컨대 차기 정부에서도 이러한 기조는 지속될 것으로 보인다.

우리 사회에서 경제성장의 과정에서 소홀하였던 부분이 불평등이다. 이는 ESG의 모든 부분이 개선되고 실천해야 할 분야지만 가장 시급하게 개선되어야 할 분야는 S(사회)개혁이다. 2022년 현재 우리 사회가 이렇게 분열되고 성장 동력이 떨어지고 젊은 세대의 미래가 불투명한 것은 무엇보다도 사회분야에 대한 합의가 되지 않기 때문이다.

사회(S) 분야에서는 노동 관련이 다양하게 현장에서 해소되어야 한다. 중대재해법으로 산업재해를 줄이고자 노력하고 있으며, 고용 안정과 적정 임금 보장을 위해 상시·지속 업무의 정규직 고용 원칙 확립과 적정 임금 제도도 중요하다. 소득 감소 없는 실 노동시간 단축과 주5일제 도입을 위한 사회적 논의도 모든 현장으로 확대해야 한다.

또한 플랫폼 노동자 등이 노동법 상 권리를 보장받을 수 있도록 '일하는 사람들의 권리보장 기본법' 제정, 불안정 취약 노동자의 노조 참여 권리 보장, '고용 평등 임금 공시제' 도입 등 성 평등한 일터 조성, 육아 휴직 보장 등 이제는 사회적으로 보장 될 수 있는 선진국형 사회복지제도 조성을 해야 한다.

이러한 사회복지제도가 시행된다면 비로소 우리는 선진국이라 말 할 수 있는 것이다. 이러한 사회 분야 개혁은 ESG를 지속적으로 받아들이면서 국가의 경쟁력과 기업의 경쟁력은 자생적으로 지금보다 더욱더 성장할 것이다.

● 2-3 "중대재해처벌" ESG경영으로 답하다.

ESG의 용어가 처음으로 언급된 2005년 이후, "재무적인 부문이 아닌 비재무에 대한 기업 평가" 라고 ESG 정의가 언급된다. 당시 2000년대 전후로 세계 선진국들은 글로벌 기업의 투자수익과 기업가치 및 경제적 성과에 새로운 지표의 필요성이 제기됐다.

즉, E(환경)와 관련하여 급격한 기후 변화 속에서 기업은 어떤 책임과 행동을 해야 할 것인가?, S(사회)관련, 글로벌 시대에 사회적 책임에 있어서 어떤 역할을 할 것인가?, G(지배구조)에서는 이해관계자들의 이익과 관계성을 어떻게 하고 있는가? 에 대하여 좀 더 세밀하게 기업은 답을 해야 했다.

이러한 변화는 대단히 급격하게 변화된 사회문제를 정확히 지적할 수 있는 문제의식이다. ESG 평가 기준이 없는 그 전에는 기업을 평가하는데 있어서 지금까지는 재무적인 부분에 대한 분석으로 기업을 평가해왔다. 왜냐면 기업의 가장 큰 목적은 이익을 창출하고 성과를 높이고 고용을 늘리는데 역점을 뒀다. 그러면 재무 관련에 대한 자료 분석을 제대로 한다면 기업 분석은 가능한 것이었다. 하지만 이 시대에 ESG는 향후 기업을 생존을 좌우 할 수 있는 사회적 평가 기준으로 자리 잡고 있다. 이제 직접적인 영향을 줄 수 있다는 ESG 공시 등 규제강화 논의가 확대되었음은 당연했다.

기업이 성장과정을 거치면서 당연히 해야 할 의무가 사회적 책임이라는 의식은 70-80년대를 지나면서 강하게 자리 잡고 있다.

이제 ESG에서 S(사회)분야의 관심도가 높은 사회적 분위기가 감지된다.

2022년 현재, 우리사회에서 기업의 사회적 책임에 대한 문제에서 사회 안전을 기업에 대한 좋지 않은 시선으로 쏠려있다. 그 이유는 간단하다. 안전문제를 소홀히 하거나 문제가 발생하면 귀중한 생명과 연결되기 때문이다.

우리나라에서 산재로 인하여 발생되는 사망은 연간 2400명(2021년기준)이며 산재사망률은 OECD기준으로 가장 높게 나타난다. 산업재해가 발생되면 본인은 물론 기업의 신용도도 급격히 나빠진다.

2018년 12월10일 태안화력발전소에서 비정규직인 김용균씨가 홀로 컨베이어 벨트 밑에 밀폐함 점검구의 문제점을 파악하다 벨트에 끼여 사망했다. 사고의 가장 큰 원인은 2인 1조라는 최소한의 안전 수칙이 무시됐기 때문이다.

2020년 4월 경기도 이천시 물류센터 냉동 및 냉장 물류창고 신축 공사현장에서 대형 화재가 발생해 38명이 사망하고 10명이 부상당한 사고가 발생했다. 실제 경기 이천에서는 이번 사건 전에도 냉동창고 건설 현장 화재로 2008년 1월 50명, 2020년 4월 48명의 사상자가 발생했다. '공사 기간 단축'이 화를 불렀다.

2021.6월 광주광역시에서 철거 중인 건물이 갑자기 무너지면서 건물 앞 정류장에 정차하려던 시내버스를 덮쳐 승객 9명이 숨지고 8명이 중상을 입는 사고가 일어났다. 조금만 주의했다면 막을 수 있었거나 피해를 줄일 수 있었던 사고였다는 사실이 드러나고 있다.

2022.1월 광주시에서 타설 작업 중 23~38층이 무너져 하청 노동자 6명이 숨지고 1명이 다쳤다. 이 사고 역시 '공사 기간 단축'이 화를 불렀다.

이사고로 인하여 HDC현산의 법적인 책임은 물론 기업의 신용도로 인하여 주가가 폭락하는 사태로 이어졌다. 이 외에도 산업 현장 곳곳에서는 다양한 이유로 안전사고가 발생되고 그리로 아까운 목숨이 희생되고 있다. 산업안전시설, 안전교육, 작업인원, 노동시간 등 명확하게 지키면 일어나지 않을 사고들이다.

이러다 보니 안전문제는 그 무엇보다도 사회적 파급 효과도 크다. 특히 산업 현장에서 벌어지는 산업안전법이 최대 화두는 우리 사회에 던지는 파급이 그 만큼 크다는 것을 보여 주고 있다. 물론 기업에서도 이러한 문제가 발생되면 기업의 신용이 추락함은 물론이다.

ESG 관련하여 특히 S(사회)분야가 특별히 주목해야 하는 이유다.

이러한 사회변화로 답한 것이 우리가 현재 잘 알고 있는 "중대재해법"이다. 2022년 1월27 일부로 실행되면서 기업은 과거에 비해 현장의 안전문제에 관한 관심과 방지책에 대해 많은 고민과 해결책을 찾고 있다. 이러다 보니 대기업은 물론 중소기업에서 ESG 실천에 있어서 사회분야에 대한 분석과 관심이 지대함은 바로 이러한 이유가 존재하고 있기 때문이다.

2-4 ESG는 기업의 "선택사항"이 아니다.

70-80년대 기업에서 사훈으로 자주 애용했던 것은 "사업보국" 이었다. 전쟁이후 60년대를 거쳐 경제성장에서 필요한 것은 사업을 통해서 국가에 보답하자는 것이다. 그 당시 기업 1세대의 입장에서는 이러한 사명감이 있었다. 여기에는 개인의 희생에 대한 대가 보다는 기업을 먼저 생각하고 국가에 이바지 하자는 취지였다. 당시 환경으로는 과히 틀린 표현도 아니었다. 그 즈음 미국을 위시한 서구 대부분의 기업 이념도 "기업은 주주의 이익을 위해 것이 가장 큰 목표"였다. 두 경우는 차이는 있지만 기업의 열매는 개인보다는 기업 그리고 다음은 국가였다. 특히 테일러-포드 시스템으로 대변되는 대량 생산체제 구축으로 경쟁력을 확보하고 기업을 확장하면서 이러한 주주 또는 기업의 이익은 기하급수적으로 늘어나기 시작하면서 더욱더 이러한 기업중심으로의 발전은 지속되었다.

20C에 시민의식이 높아지면서 기업경영의 트랜드는 이제 이익의 환원이었고 우리가 흔히 아는 사회적 책임(CSR)이 대두되었다, 물론 이러한 경영활동은 회사의 홍보와 더불어 기업이미지 제고라는 측면이 강한 것도 존재했다. 이제 우리가 흔히 아는 글로벌 기업은 이러한 사회적 책임 활동으로 기업의 이미지를 제고하면서 긍극적으로는 이러한 활동이 기업의 이익으로 돌아온다는 사실이 객관적 지표로 나타나는 상황을 인식했기 때문이다. 하지만 이러한 사후적인 사회적 책임으로서는 기업의 평가가 정확하게 알릴수 없는 현실이 되었다. 2008년 미국의 리먼브러더스 사태(우리는 흔히 서브프라임모기지론으로 이해되는 사태)와 유럽발 경제위기는 결국 비 재무적인 요소인 경영자들의 도덕적 해이(모랄해저드)였다는 것이다. 최근 남양유업에서 생산되는 불가리스의 과다 홍보로 인한 기업의 손실 역시 이러한 연장선에서 이해될 수 있다. 따라서 이제 기업은 일개 개인이나 몇몇의 주주의 것이 아니라는 인식이 높아졌다. ESG경영을 통하여 경영인식에 대한 정확한 내용을 소비자들은 알고 싶어 하고 알 권리를 갖게 되었다는 사실이다.

2-5 ESG는 새로운 "패러다임"을 제시하고 있다.

산업혁명으로 가내 수공업에 종사 했던 직물공장들은 대량 생산체제가 구축되었다. 특히 대부분 숙련된 기술도 없는 가난한 여성들과 어린이들은 매일 14-16시간씩 일을 했는데 작업조건이 열악했다는 사실은 명백하다. 그 당시부터 대량 생산을 해낼 능력이 있는 나라에서 지속적으로 빈곤이 존재하는 사회문제가 당시부터 대두되었다. 이러한 해답을 찾기 위한 노력은 서구 사회와 정치에 중요한 영향을 미치게 된 새로운 사회철학과 정치 운동의 발생을 가져왔다.

앨빈토플러는 그의 저서 '제3의 물결'에서 정보 혁명은 인간적이고 다양한 민주적 사회를 이룩하고 더불어 인간관과 노동, 가족, 사회, 정치의 형태도 근본적으로 변화 시킨다고 봤다.

긍극적으로 과거 산업 사회가 당면하고 있는 비인간화 현상과 자원 위기 그리고 환경오염의 문제 등을 해결하는데 크게 도움이 될 것이며, 이러한 현상의 이면에는 '인간'의 회복을 실현하는 이념에 의해 사회는 이끌어 질 것이라고 말했다. 이 당시에도 정보화 사회에서 인간의 노동의 변화에 대한 의견은 분분했다.

즉, 산업종사자인 노동자의 지식수준은 높아지고 일터에서의 자율성은 보장받으며 과거 산업 사회가 공장 노동자의 사회였다면 정보화 사회는 전문가 또는 지식노동자 사회라는 것이다.

70년대 정보화 사회는 과거 기계중심의 사회에서 사람중심 즉 인적자원의 필요성을 예견한 혁명이었다. 특히 21C 들어가면서 기업의 생존전략과 연계되는 것은 일터에서의 혁신과 생산성 향상이며 이 중심에는 사람 즉 인재중심이 있다는 현실을 깨달은 것이다.

4차 산업 혁명의 물결이 휘몰아치는 현재 이 시대에 젊은 인력의 직업 선택기준은 과거처럼 대기업, 안정된 직업 그리고 보수의 높은 것이 중심이 아니다. 기업에서 자신의 가치를 알아주고 또한 이러한 경력을 바탕으로 미래의 다양한 직업을 선택하는데 중심을 두고 있다. 특히 중소기업은 이러한 인력을 확보하는데 가장 애로사항이 발생한다. 그러다 보니 현재 기업을 선택하는데 있어서 기업의 생산성지원시스템, 근무환경, 남녀평등, 학습지원시스템 등 기업의 노동현장에서 일어나는 다양한 노동 지원시스템이 인력이 몰리는 동기가 되고 있다.

대기업은 인력지원이 증가, 중소기업은 인력난의 가중이 지속적으로 발생되고 있다. 정부 역시 다양한 중소기업 지원책으로 이를 뒷받침하고 있지만 그 문제 해결은 쉽지 않다. 따라서 ESG경영 실천으로 대외적인 신뢰 회복과 기업의 잠재적 성장에 대한 확고한 신념이 확보 된다면 이러한 문제도 해결될 것으로 보고 있다.

2021년 현재, 우리는 역사상 유례없는 강력한 신기술의 혁명 속에 살고 있다. 새로운 하이테크 혁명은 수많은 사람들에게 기회를 주기도 한다. 과거와 비교할 때 고용 및 노동환경의 변화와 더불어 복지 증진을 위한 ESG경영 활동을 잘 실천한다면 중소, 중견기업에게는 최고의 기회가 될 수 있다고 확신한다.

ESG경영의 본질은 무엇인가 ?

03

3. ESG경영의 본질은 무엇인가?

먼저 ESG의 시대적 패러다임을 서술하고자 한다. 개념에 앞서 이러한 논의는 정치적 환경과 탄소제로 정책으로 야기되는 노동환경 문제를 언급하고자 한다.

그 다음으로는 ESG개념과 가치에 대한 내용을 서술하고자 한다.

현재 ESG는 개념과 그 역사적인 산업사회 흐름 속에서 이해되어야 한다고 판단한다. 그 이유론 단순히 ESG을 평가의 지표로 그 결과를 이해하고 실천한다면 지속성을 담보 할 수 없다는 사실이다. 또한 향후 ESG는 단순히 현 시대에 나타난 패러다임이 아니라는 생각이다. 미래 세대를 위해서도 지속적으로 이행되어야할 행동 지침이라는 것이다.

다음으로는 ESG를 분석하고자 한다.

ESG는 각각의 영역과 그 중요성을 감안하여 E(환경),S(사회가치),G(지배구조)로 나누어 분야를 각각의 항목을 나눠 내용을 설명하고자 한다.

다음으로 ESG경영에 관한 사례보고서를 요약하였다. 선정 사업장은 글로벌 연기금이 개별 국가의 특정 기업에 탄소 배출 감축을 요구하는 주주서한을 보낸 기업을 대상으로 했다. 대한민국의 대기업은 ESG를 지원하기 위한 별도의 조직을 새롭게 만들거나 개편들 통하여 실천 활등을 지원하고 있다. 하지만 사례를 당장 벤치마킹하여 중소, 중견기업들이 적용하기는 쉽지 않다. 이를 감안하여 국내 대기업의 사례와 중소기업의 몇 몇 사례를 비교하도록 했다.끝으로 ESG를 이해하도록 용어 해설 부록을 첨부하였다.

3-1 ESG 경영이란?

최근 대기업 집단을 비롯한 공공기관에서 ESG 경영을 하겠다고 선언했다. 더구나 ESG 경영에 대한 열기는 학계나 이해관계 전문가 집단에서 연구의 중심이 되고 있다. 이미 몇몇 학교에서는 전문 대학원에서 강좌가 개설되었으며, 정부에서 출연한 연구기관에서 조차 관련 연구와 보고서가 주류를 이루고 있다.

ESG는 환경(Environment), 사회(Social), 지배구조(Governance)의 영문 첫 글자를 조합한 단어로, 기업 경영에서 지속가능성(Sustainability)을 달성하기 위한 3가지 핵심 요소이다. 즉, 투자자들이 기업의 재무적인 정보뿐만 아니라 비재무적인 정보, 즉 ESG 요소를 고려하여 투자해야 한다는 개념에서 시작되었다.

ESG와 관련한 개념으로는 기업의 사회적 책임(Corporate Social Responsibility,CSR), 지속가능성(Sustainability), 공유가치창출(Created Social Value), 기업 시민의식(Corporate Citizenship), 지속가능한 발전(Sustainable Development), Triple Bottom Line 등 다양하게 존재한다.

ESG는 기본적으로 위 세 요소를 원칙으로 지속가능성 및 기업가치 제고를 목표로 하는 '가치'이다. 하지만 2025년까지 기한으로 언급한 의무공시의 경우 ESG는 기업에 있어 만족해야 할 기준이 되며, ESG는 경영 '전략'인 동시에 기업을 판단하는 지표가 되기도 한다. 기업에 ESG가 화두인 이유는 법과 글로벌 체인망 외에도 바로 기업의 흐름에 가장 중요한 현금이라는 사실이다. 오늘날 벤처 캐피탈 및 금융기관 등 세계 주요 자산운용사들은 투자 결정에 대한 지표로 ESG를 적극 반영하고 있으며, 기업의 지속가능성을 주요 지표로 판단하겠다는 것을 공식화 하고 있다.

그동안 기업의 가치에 대한 평가 기준은 재무적인 요소가 주요 사항이었다. 하지만 기업에서

발생하는 외적인 요인들이 기업의 가치나 향후 발전에 대한 중대한 해악이 되면서 이제 비 재

무적인 요인의 중요성이 부각되었다. 다만 ESG에 대한 명확한 개념을 이해하기 위해서는 그

동안 지속적으로 제기된 기업의 사회적 책임에 대한 다양한 인증,지표등에 대한 설명이 필요

할 것으로 판단된다.

산업이 급격히 발달한 80년대 이후 사회적 책임을 이행하는 과정에서 기업의 태도는 변화해

왔다.

2005년 ESG경영에 대한 보고서가 처음 등장한 이후 현재까지 과정을 보면 기업에 대한 다

양한 사회적 책임에 대한 요구가 지속적으로 등장한다. 다만 이러한 기준이 기업을 운영하는

데 필요성에 대한 사회적 요구인 것은 분명한 사실이며 이러한 사회적 책임에 대한 요구가 강

제성을 가진 필연적인 것이다. 이러다 보니 기업의 입장에서 지금까지의 규제보다 또는 요구

사항에 대한 명확한 개념 정리가 되지 않으면 그 의미와 대체가 어려워진다. 현재까지 국제 적으로 요구되는 인증 요구 사항은 여러 형태로 나름의 기준이 있지만 혼란스럽기 까지 하다.

먼저 CSR 활동은 어쩔 수 없이 지출하는 비용 중 하나로 인식되어 기업활동 과정이 아닌 사후적 측면에서 사업과 특별히 연관되지 않은 즉, 기업의 수익구조와는 상관없는 단순 기부활동, 임직원의 자원봉사가 주로 진행됐다. CSV는 수익 극대화와 사회적 가치 창출 사이에서 고민하던 기업에 전략적인 CSR 접근 방법이었다. 매출 증대를 위한 투자로 인식됐고, CSR의 주요 이슈인 지배구조, 노동, 인권의 범위가 아닌 것은 CSV의 한계로 드러났다. 이와는 달리 ESG는 기업이 자율적으로 추진해온 CSR, CSV보다 강제성을 띈다. 투자자들은 기업의 ESG 건전성을 고려하고 단기수익 극대화보다 장기적으로 접근하고 있어 기업은 ESG를 내재화해 사회 문제를 해결하고 사회적 가치를 창출할 것을 더욱더 강하게 요구받고 있다.

2010년 국제 표준화 기구인 ISO(International Organization for Standardization)는 기업의 사회적 책임에 대한 국제 표준인 ISO 26000을 발표하면서 지배구조, 인권, 노동관행, 환경, 공정거래, 소비자 이슈, 지역사회 참여 및 발전에 대한 노력을 7대 핵심주제로 규정하여 사회적 책임을 이행하고자 하는 것을 규정했다.

특히 ISO 26000은 ESG와 연계해서 생각해보자면 환경 1개 항목, 사회 5개 항목, 지배구조 1개 항목으로 구성되어 있어 사회 관련 활동을 중시하고 있다고 할 수 있으며 CSR 에 대한 기준에서 좀 더 세밀하게 기업과 사회 관계에 대해 구체적으로 언급한 것이다. 앞서 다양한 사회적 책임의 범위처럼 이러한 규정 역시 인증의 범위이며 가이드 라인이다. 따라서 따라서 법적 효력이나 강제력은 없지만 기업 간 거래시 상대 기업이 ISO 26000을 준수하고 있는지 확인하고, 이 기준을 충족하는 경우에만 납품업체로 선정하는 등 기업 경영 전반에 영향을 미치고 있다.

3-3 ESG 경영이 필요한 이유

2020년 세계 최대 자산운용사인 블랙록(BlackRock)의 래리 핑크 최고경영자가 주요 기업 CEO들에게 보낸 연례 서한이 화제가 되었다. 해당 서한에서는 기후 변화 리스크와 ESG를 투자 결정의 핵심 요소로 반영한다고 밝혔다. 블랙록은 "환경, 사회, 거버넌스 요소를 살핌으로써 경영에 대한 필수적인 인사이트를 효과적으로 얻을 수 있고, 이를 통해 기업의 장기 전망도 가능하다"라고 말하며, 전통적인 투자방식과 ESG 인사이트를 결합한 지속가능한 투자 전략을 수행하겠다고 전했다.

한편, 유럽연합(EU)도 ESG 공시, 분류체계 등에 대한 규제를 도입하고 대부분의 유럽 지역 금융 회사분만 아니라 유럽에 금융상품을 판매하는 비EU 금융회사에도 적용키로 하는 등 ESG를 적극적으로 활용하기 시작했다.

ESG에 몰리는 투자 자산은 몇 년 사이 폭발적으로 상승했다. 독일 도이체방크는 ESG 투자 자산 규모가 2030년까지 약 130조달러(한화 14경6,575조원)에 달할 것으로 예측된다. ESG 기준을 만족하지 않는 기업은 투자 포트폴리오 검토에서 빠지기까지 한다. 세계 최대 자산운용사 블랙록(BlackRock)은 ESG 종목을 지금의 2배로 늘리고 화석연료와 관련한 매출이 25%

이상 발생한 기업에는 아예 투자하지 않겠다는 방침까지 밝힌 바 있다.

 2025년부터 자산이 2조원이 넘는 상장기업은 친환경, 사회적 활동을 수행한 '지속가능경영
보고서'를 공시하도록 명문화 했다. 2026년에는 기업 내에서 의사결정 체계나 방식을 담은 '
기업지배구조 보고서'를 공해해야 한다. 유럽연합(EU) 역시 기업에 환경, 인권 문제 등에 관
한 활동을 의무적으로 보고하고 개선하도록 하는 입법을 추진하고 있다. 이는 유럽 소재뿐만
아니라 유럽 시장을 대상으로 하는 기업에까지 적용한다.

현재 경영계를 중심으로 우리 사회의 모든 키워드는 ESG이다. 즉, 기업을 경영하면서 또는
경제 관련을 언급하면서 ESG는 중요한 화두의 중심에 있다. 정부 역시 기업에 ESG 의무 공
시를 요구하고 있다.

국내의 경우 2020년 3월, 여야 국회의원 58명과 기업·금융기관·ESG 관련 전문기관 등 128
개 기관이 참여한 '국회 ESG 포럼' 발족식 및 기념 세미나를 개최하여 'ESG가 산업 경쟁력
을 한 차원 상승시킬 중요한 기회'라는 인식을 공유하는 등 최근 국내외에서 ESG에 대한 관
심이 커지고 있는 상황이다.

이러다 보니 여기저기서 ESG를 말하고 있는 것이다. 오늘날 경제 생태계가 연계되어 있는 글
로벌 시대에 낙오되지 않기 위해서는 협력업체와의 이해관계자 기업에서 이를 받아들일 수밖
에 없다. 이는 세계적으로 경제 트랜드이자 향후 기업에서는 ESG 경영이 선택이나 협의 사항
이 아니라 필연적으로 도입해야 할 필수사항이 되었다.

사례 1 : 글로벌 금융기관 ESG 인센티브 사례

(1) 미국 HSBC USA는 지속가능성 연계 대출 프로그램을 통하여 "지속가능성 실적 목표"을 운영하여 기업에 제시하고 있으며 기본적으로 항목은 온실가스 감축량, 신재생에너지 사용량, 종업 다양성 등의 목표를 제시하고 이를 실천하도록 하고 있다.

(2) 프랑스 BNP Paribas는 ESG평가기준을 마련하여 대출 또는 투자 장려 품목과 배제 분야로 구분하는 프로그램을 운영하고 있으며, 장려분야로서 신생에너지 기업에게는 우대 금리 대출을 지원.
반면에 무기, 팜 오일 생산/유통, 펄프생산 및 벌목, 광산 채굴 등 환경에 피해를 주고 있는 업종을 운영하는 기업에게는 대출시 엄격한 기준을 제시하거나 배제하는 등의 금융정책을 시행하고 있다.

(3) 일본의 시가은행은 "시가 CO2,Ne Zero Plan"프로그램을 통하여 2021년 3월부터 지속가능 대출론으로 CO2 삭감목표 및 달성상황에 따라 기업의 대출 금리를 우대하는 정책이 시행되고 있다. 또한 시가현과 행정부문 협력을 통해 기업 대출시 제출서류 간소화로 기업의 ESG참여를 유도하고 있다.

(4) 독일의 환경은행을 통하여 친환경 프로젝트를 강력하게 운영하면서 UN SDG 17개 목표에 부합하는 기업에 한하여 대출 지원 대상을 한정시키고 있다.

3-4 "국제 표준 지표"가 난립하고 현실

ESG를 이해하기 위해서는 개념정리와 함께 표준으로 제시되고 있는 보고서를 위한 지표의 기준을 알아 볼 필요가 있다.

먼저 GRI(Global Reporting Initiative)는 기업에서 활동한 다양한 이슈를 지속가능경영 보고서를 작성하는데 가이드라인을 제시하는 국제 기구다.

2000년에 지속가능경영보고서 작성을 위한 최초의 프레임워크 G1을 발표한 이후 확대 및 개선을 거쳐 현재는 G4가 표준으로 제시되고 있다. 이 가이드라인에 따라 공시해야 하는 의무나 강제성은 없지만 ESG경영에 대한 관심이 증가하면서 지속가능경영보고서를 발간하는 기업이 크게 늘어났고, 현재 GRI 가이드라인에 따라 보고서를 발간하는 기업은 15,000여개에 달해 세계에서 가장 널리 채택된 글로벌 지속가능성 보고 표준이라고 한다.

좀 더 세밀하게 가이드라인 이행 매뉴얼을 보면 GRI는 경제, 환경, 사회 분야를 세분화해 기업이 각 주제별로 공시할 수 있도록 기준을 마련해 두었고 각 주제별로 세부 지표와 그에 따른 작성 지침이 마련되어 있다. 예를 들어 지역사회 측면의 세부 지표 중 하나인 '지역사회에 참여하고, 영향평가, 개발 프로그램을 수행하는 사업장의 비율'에는 보고해야 하는 항목, 관련성, 용어의 정의 등이 정리되어 있다.

다음은 ISO(International Organization for Standardization) 인증이다. 국제표준화기구 ISO는 지난 2010년 기업의 사회적 책임에 대한 ISO 26000을 발표했으며, 지배구조, 인권, 노동관행, 환경, 공정거래, 소비자 이슈, 지역사회 참여 및 발전을 기업의 사회적 책임과 관련된 7대 핵심 주제로 규정하고 있다.

ESG와 연계해서 생각해보자면 환경 1개 항목, 사회 5개 항목, 지배구조 1개 항목으로 구성되어 있어 ISO 26000에서는 사회 관련 활동을 중시하고 있다고 볼 수 있다.

다만 ISO 26000은 우리가 많이 들어봤던 'ISO 인증'처럼 인증을 위한 표준이 아니며, GRI의 G4처럼 일종의 가이드라인이다. 따라서 법적 효력이나 강제력은 없지만 기업 간 거래 시 상대 기업이 ISO 26000을 준수하고 있는지 확인하고, 이 기준을 충족하는 경우에만 납품업체로 선정하는 등 기업 경영 전반에 영향을 미치고 있다.

마지막으로 ESG의 요소를 분석하는 기준으로 대부분 재무와 관련 된 내용을 분석하여 지속가능성 회계 기준위원회 SASB (Sustainability Accounting Standards Board)이다
지속가능성 회계기준위원회 SASB는 ESG 요소를 재무적 성과와 연계하여 보고할 수 있도록 기업의 공시 기준을 마련하기 위해 설립되었었다. 다만, GRI와의 차이점을 비교해 볼 때 GRI 가이드라인에서는 각 분야 주제별 기준을 마련해 두었지만 SASB는 산업별로 중요 이슈를 분류하고, 이에 대한 정보 공개를 요구한다는 점이다.
현재 지속가능경영보고서 작성에 있어서 GRI와 함께 가장 널리 채택되는 기준이며, 2020년 이후부터 세계 최대 자산운용사인 블랙록에서 SASB와 TCFD(기후관련 재무정보공개 태스크포스) 기준 보고서 공시를 요구함으로써 더욱 널리 확신될 것으로 예상되는 기준이다.
이러한 대표적인 가이드 보고서 지침이 공식적으로 운영되어 있음에도 불구하고 ESG의 필요성에 대한 흐름에 따라 전 세계적으로 약 600개 이상의 표준 지표가 널리 사용되면서 난립되고 있는 상황이다. 이러다 보니 정확하게 ESG의 개념과 이러한 활동사항에 대한 정의가 전제되지 않으면 기업의 경영주나 이를 담당하는 부서에서는 많은 혼란이 야기되고 있는 될 것이다.

산업 흐름의 역사에서 ESG개념 이해

04

4. 산업 흐름의 역사에서 ESG개념 이해

4-1 산업의 역사에서 ESG개념을 평가하다
-산업혁명 이후

미국 독립 혁명, 프랑스 혁명이 일어날 무렵, 영국에서는 산업혁명이 진행되고 있었다. 산업 혁명은 정치적인 시민 혁명과는 달리 조용히 진행되었다. 그러나 그 영향은 정치적인 변화 못지않게 컸다. 농업 분야에서도 새로운 기계와 기술의 발명으로 농업 혁명이 확산되어 생산력이 비약적으로 증가하였다. 또한, 공장 제도가 확립되고 대량 생산 체제가 이루어짐으로써 오늘날과 같은 물질적 풍요의 기반을 닦아 놓았다. 면직 공업에서 시작된 기술 혁신은 교통, 통신 분야의 혁명으로 이어져, 기차, 기선, 무선 전신, 전화 등의 발명이 잇따라 인류 생활에 커다란 변화를 가져왔다.

산업혁명은 경제적인 변화만 가져온 것은 아니었다. 가내 수공업에서 대량 생산체제의 변화는 많은 인구 이동의 현상이 발생되었다. 사회적으로는 많은 신흥 공업 도시들이 생겨나게 되고 인구가 도시로 집중하는 도시화가 진행되면서 과거에 겪지 못했던 공해 문제, 위생 문제, 주택 문제, 빈민가 문제 등 도시 문제가 발생하였다.

또한, 생산시스템의 변화와 더불어 자본주의가 성립되기 위해서는 대규모 생산에 동원될 수 있는 노동력이 필수적인 전제 조건이 된다. 이를 위해 봉건적인 신분 관계의 속박에서 벗어나 자신의 노동력을 판매한 대가로 살아가는 자유 방임 노동자가 존재 했다. 과거의 영주와 이에 노동을 제공하는 농노사이의 지배, 예속관계가 기조를 이룬 생산체제에서 새로운 자본가와 노동자의 신분 형성이 성립되었다. 소위 공급자와 수요자의 관계가 싹튼 시기였다. 이처럼 자본주의는 새롭게 창출된 값싼 노동력과 이를 고용함으로써 생산 활동을 극대화 함으로써 자본이 축적되는 자본가에게 사적으로 소유된 생산 수단이라는 대립적 요소에 기초하여 성립하였다, 또한 자본주의 사회에서는 넘쳐나는 생산물이 넘쳐났지만 정작 이를 생산하는 수단으로 노동을 제공한 개인은 소외되는 현실이 발생했다.

따라서 자본주의 사회에서는 돈이 삶의 전부가 되는 배금주의, 무절제한 과소비가 선망의 대상이 되는 향락주의, 돈이면 다 된다는 황금만능주의가 팽배하게 된다. 결국 자본주의에서 소외되고 상품화된 노동은 단지 경제적 상황에서만이 아니라 정치적으로도 소외되었다.

따라서 단지 상품으로 종속된 노동으로부터 소외 현상을 극복하기 위해서는 노동자들이 자발적으로 자신의 지위 및 사회적 위치를 찾고자 하는 사회적, 법적제도 마련 외에도 노동에 대한 자기 인식이 지속적으로 사회 연대를 통하여 알렸다.

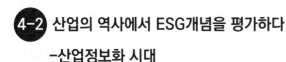 **산업의 역사에서 ESG개념을 평가하다**
　　-산업정보화 시대

30년대 미국의 경제 대 공항과 세계2차 대전이후 본격적으로 초기 자동화의 물결이 산업을 강타했던 1950년대 후반과 60년대 초반에 노동 운동 지도자들과 민권 운동가 등 사회 비판가들은 산업 자동화에 대한 주의 경보를 발표했다. 노동자들은 고단하고 정신없이 반복적인 작업에서 기계가 대체자가 되면서 새로운 삶이 풍요해질 수 있다고 믿었다. 하지만 다른 한편에서는 대량 실업, 빈부의 격차와 사회적 불안의 우울한 미래로 한편에서는 나타날 수가 있다고 보고 있었다. 제조와 서비스 제공 과정에서 기계가 인간 노동을 대체하는 시대가 오면서 나타난 현상을 예견했다.

그러나 새로운 자동화 기술에 의한 생산성의 향상이 고용 촉진과 구매력의 증진을 가져온다고 믿었기 때문에 그들의 우려에 공감하지 않았다. 단지 신기술 혁명의 결과에 대한 이익과 풍요에 관심이 높다보니 그 이면을 돌아 볼 수도 없을뿐더러 관심조차 없었다. 즉, 모든 결과가 그러하듯이 풍요 속에서 나타날 수 있는 그늘은 항상 존재해오기 때문이다.

60년대를 걸쳐 73년 79년 두 차례 석유 파동을 거치면서 미국이나 유럽사회는 그동안 수요 공급의 과잉으로 인한 인플레이션, 실업, 에너지 위기 등 경제의 구조적 침체 현상이 나타났다. 또한 사회적 인식의 변화와 미국의 베트남 전쟁에 대한 찬,반의 이념적 사상으로 학생 운동, 반전 운동, 사회를 저항하는 히피족 등으로 대표되는 사회적 분열과 혼란이 지속되었다. 바로 이 시기를 전후하여 전자정보 산업혁명이 시작되어 미국과 유럽사회의 새로운 활로를 열어주게 되는 환경이 조성 되었다. 앨빈토플러는 그의 저서 '제3의 물결'에서 정보 혁명은 인간적이고 다양한 민주적 사회를 이룩하고 더불어 인간관과 노동, 가족, 사회, 정치의 형태도 근본적으로 변화 시킨다고 봤다.

긍극적으로 과거 산업 사회가 당면하고 있는 비인간화 현상과 자원 위기 그리고 환경오염의 문제 등을 해결하는데 크게 도움이 될 것이며, 이러한 현상의 이면에는 '인간'의 회복을 실현하는 이념에 의해 사회는 이끌어 질 것이라고 말했다. 이 당시에도 정보화 사회에서 인간의 노동의 변화에 대한 의견은 분분했다.

즉, 산업종사자인 노동자의 지식수준은 높아지고 일터에서의 자율성은 보장받으며 과거 산업 사회가 공장 노동자의 사회였다면 정보화 사회는 전문가 또는 지식노동자 사회라는 것이다. 하지만 다른 한쪽에서는 정보화 사회는 지식을 요하는 작업은 한정되며, 단순노동자는 주변 노동자로 전락하고 결국은 대량 실업의 사회가 될 것이라는 전망도 있었다.

출처 : https://www.forbes.com/sites/georgkell/2018/08/19/in-memory-of-kofi-annan-father-of-the-modern-corporate-sustainability-movement/?sh=3e9fd07454b1

4-3 산업의 역사에서 ESG개념을 평가하다

-자본주의 시대

경제공황과 제2차 대전을 치르고 급격히 산업이 진행되던 70년대 80년대를 지나면서 사회, 경제, 정치적으로 큰 변화를 겪으면서 자본은 진행되었다. 당시 미국은 금리가 대폭적으로 상승되면서 선진국들의 제조업들이 해외에 공장을 건설하기 시작됐다. 정치적으로는 중국도 대외 개발을 통하여 개혁개발의 시발점이 되었던 시기였다. 특히 소련의 붕괴가 진행되며 냉전은 종식되고 이러한 결과로 그동안 냉정시대에 군비경쟁 시대에서 온전한 시장경쟁 체제로 경제는 전환되었다. 이러한 정치, 경제의 급격한 변화는 기업들이 상품으로 경쟁하는 상황에서 수요와 공급의 규모는 날이 갈수록 증가하고, 많은 사람들의 삶은 풍족해 졌다.

이러한 풍요의 시대로 인하여 새로운 사회적 변화가 발생하기도 했다. 즉 국가간의 교역이 증가하고 교육 및 생활수준이 높아지면서 여성, 인권 및 다양성에 대한 보편적인 인식이 확신되었고, 여기에 각 기업의 노동착취나 환경오염과 같은 산업화의 후유증이라고 할 수 있는 문제도 나타나기 시작했다. 이러한 현상은 1990년대 새로운 사회적 이슈로 대두 되었고, UN은 기업 활동에 대한 제한과 통제의 필요성을 인식하기 시작했다.

21C 세기 밀리니엄 시대를 맞이하여 UN은 "전 세계 기업들이 지속가능한 기업 운영의 정책을 채택하고 실행하도록" 장려하기 위한 목적으로 유엔 글로벌 컴팩트(UNGC)를 만들었다. 이 위원회는 2004년 당시 UN사무총장이었던 '코피아난' 은 이제 글로벌 시대에 환경, 사회 및 지배구조에 대한 권고안을 작성하도록 세계 금융기관을 초청하여 요청하였고 지금의 ESG 의 기본 틀이라 평가 받는 보고서가 작성되었다.

구체적으로 내용을 보면, 2006년 UN은 ESG의 시행을 위해 "책임투자원칙 6가지"를 발표하였고 당장 시행이 아닌 15년 정도 유예기간을 두고 실행하도록 권고하였다. 그 15년 후가 바로 2021년이다. 참고적으로 UN에서 권고한 책임투자원칙을 보면

첫째, ESG 이슈를 투자 분석 및 의사 결정에 적극 반영할 것

둘째, 기업의 ESG 이슈를 자산 보유 정책 및 실천에 적용할 것

셋째, 투자 대상에 ESG 이슈에 대한 적절한 정보공개를 요구

넷째, 투자 산업 내에서 원칙 도입과 이행을 촉진

다섯째, 원칙 이행에 대한 효과 개선을 위해 협력할 것

여섯째, 원칙 이행을 위한 활동 및 진척 사항을 보고할 것. 등이다

그렇다면 그동안 기업들이 이러한 중요성에 대한 등한시하고 있었을까?

사실 ESG 의 중요성이 부각되기 이전부터 대부분의 기업에서는 생존 전략으로 '지속가능성 리포트'를 발간하거나 실천하였고, CSR의 활동으로 사회적으로나 환경적으로 다양한 노력과 역할을 지속했다.

4-4 산업의 역사에서 ESG개념을 평가하다
-새로운 패러다임 시대

2020년 트럼프 정부에서 마지막으로 재가한 서류가 파리기후협약의 탈퇴다. 바로 취임한 바이든 정부에서 당시 탈퇴한 파리기후협약의 재가가 이뤄졌다. 아이러니한 사건의 중심이 된 것은 ESG 경영이다.

EU는 2019년 '그린 딜' 선언을 통해 기후 위기의 심각성을 강조하였고, 미국의 바이든 행정부는 청정 에너지를 위한 예산 투입과 함께 2050년 탄소 배출 넷 제로(net zero)를 발표했다. 또한 미국의 비즈니스라운드테이블(BTR)은 2019년 8월 연례 회의를 통해, "주주들의 이익 극대화가 기업이 존재하는 목적의 전부가 아니며, 이제는 임직원, 협력회사, 지역사회 등 '기업의 이해관계자 모두'를 만족시켜야 한다"는 내용에 서명했는데, 이는 기존의 '주주 자본주의'에서 기업의 지속가능성을 강조하는 '이해관계자 자본주의'로의 전환을 선언한 것이기도 하다.

전 세계적으로 인증된 기업들은 ESG 비 재무적인 요소인 환경, 사회, 거버넌스와 같은 사회적 책임을 수행하는 이슈가 재무적인 가치와 동일한 기준으로 평가해야 하는 것에 대해 동의하기에 이르렀다.

글로벌 기업들의 ESG 경영 또한 활발하다. 구글은, '사람들이 지구를 위해 더 많은 일을 할 수 있도록 돕는 기술을 개발한다'며 2030년까지 탄소 중립을 하겠다는 목표를 세우고 기후변화에 대해 적극적으로 행동하고 있다. 실제로 구글은 100% 재생에너지만 사용하는 첫 번째 기업이 되었다. 그리고 기후변화 대응을 위해 2천만 유로를 기부하여 환경 관련 스타트업을 지원하는 프로그램을 운영하고 있다. 이 외, 글로벌 IT 컨설팅 업체 IBM도 AI 기반 인사이트를 제공하여 농업 생태계를 위해 더 좋은 품질의 식품과 지속 가능성을 지원하는 활동 등 ESG 경영에 적극적으로 투자하고 있다.

유럽연합(EU)은 2017년, 500인 이상 기업에 대해 ESG 관련 정보공개를 의무화했다. 즉 EU 내에서 기업을 운영하거나 EU 내 기업과 거래를 하기 위해서는 기업의 ESG 관련 정보를 공개해야 하고 응하지 않을 경우 불리한 조치를 받을 수 있는 환경을 구축했다. 2018년부터는 유럽 기업에 적용되던 비재무 정보 공개지침(NFRD)을 확대했다. 얼마 전에는 본 지침을 개편하여 2025년부터는 모든 상장사로 공개 의무 범위를 더 넓히고, 지난 3월에는 공시 의무 대상을 연기금에서 은행·보험·자산운용사 등 금융회사로 확대하였다.

영국도 작년 11월, 모든 상장기업에 대한 ESG 정보 공시를 의무화하겠다고 발표했다. 당장 올해부터 대형 연기금에 기후변화 관련 재무정보 공개 협의체(TCFD)에 따른 ESG 현황 보고를 주문한 상태로, 만약 이행하지 않으면 최대 5만 파운드(약 7800만원)의 벌금을 부과할 계획이다. 홍콩 또한 지속가능한 금융의 중심지가 되겠다는 목표를 세우고 2025년까지 홍콩 내 금융회사와 상장 기업들이 TCFD 기준에 맞춰 정보를 공개하는 결정을 했다.

현재, 글로벌 기업은 ESG경영을 생존과 기업성장의 기회로 삼고 있다. 특히 글로벌 기업들은 국제적으로 생존 전략 차원에서 또는 과거 기업의 이윤 목적을 뛰어넘어 건강한 기업으로 성장하기 위한 전략적 차원에서도 ESG경영에 대한 관심과 실천을 행동하고 있다. 그러한 결과는 긍극적으로 기업에서 경영강화의 효과와 성장의 기초가 되었음은 당연하다. 각각의 글로벌 기업 사례를 보면 다양한 업종에서 그 결과가 확실히 보여지고 있다.

사례2 : 글로벌로 확대되는 ESG경영 사례

미국 기업사례

(1) **세븐스 제너레이션(Seventh Generation)**은 종합 생활용품(친환경세제, 화장지 등)을 생산하고 있다.

ESG추진배경을 보면 아마존에서 요구하고 있는 기후변화 대응기구인 글로벌 옵티미즘과 공동으로 기후 서약(Climate Pledge) 캠페인을 발족하고 자사 온라인 마켓 플레이스 밴더들을 대상으로 참여를 권장하고 있다. 특히 선제적으로 파리 기후협정보다 탄소중립을 10년 앞당겨 2040년까지 달성목표를 설정하고 있다.

이러한 노력은 아마존의 비영리 기후기관(we mean business)과 협력하여 단순히 자사의 탄소배출량 계획과 더불어 밴더를 대상으로 2040년까지 목표를 달성할수 있도록 지속적인 노력과 동참의지를 권장하고 있다.

이러한 배경을 바탕으로 구체적 추진내용을 보면 제3의 친환경제품 인증기관과 협력을 통하여 자체 지속가능성 인증제도를 실시하여 과잉 공기, 물 사용량, 포장재 등이 감축된 다지인 제품 인증 출시를 통해 해당인증을 획득한 제품만을 별도로 판매하는 웨사이트(Climate Pledge Friendy)을 별도로 운영하고 있다.

이러한 노력의 결과로 웹사이트에 등록된 제품은 비등록 제품대비 소비자의 관심도가 60%이상 높은 것으로 보고 되고 있다.

(2) **클라락스(Clorox)**는 청소용품 제조회사로 제품의 특성상 소비재 산업이다 보니 제품자체와 포장재를 활용하는데 있어서 지속가능성에 대한 소비자 및 환경단체로부터 지속적인 변화

를 요구 받아 왔다.

따라서 환경에 직접적으로 피해를 주는 플라스틱과 생산과정에서 발생되는 폐기물에 대한 감소 방법을 제시하고 이를 실천으로 옮겼다.

첫째,2030년까지 플라스틱 및 섬유 포장재는 50% 감소

둘째,2025년까지 100% 재활용, 재사용 또는 퇴비화 포장

셋째,2030년까지 100% 글로벌 설비 폐기물 제로 정책 실시

(3) **휴렛-팩커드(Hewlett-Packard)**는 컴퓨터 HW제조,서비스의 세계적 기업이다. 다양한 고객사와의 연계가 업무이다 보니 ESG경영의 필요성과 향후 성과는 기업의 성장과 비전에서도 절대적으로 필요한 요소이다. 특히 미국내에서 가장 민감하게 갈등요인으로 보고 있는 인종과의 관계성에 중점을 두고 추진하고 있다. 사례를 보면 고객사인 어드비 솔류선과의 요구 수준에 부응하고자 45%에 이르는 여성과 유생인증에 대한 차별적 요소를 제고에 많은 지원을 하고 있다. 이를테면 공정하게 임금을 받도록 기업 임금시스템 구조를 체계적으로 구축하여 동일임금제도(pay parity)제도를 도입하여 갈등요인을 해결하였다. 이러한 제도 시행을 널리 알리고 이를 제도적으로 구축하기 위해 미국내 여성, 소수민족 소유 기업에 약 10억달러를 투자하였다. 투자 기업에게는 휴렛-팩커드에 준하는 ESG 경영 및 규정을 준수하도록 하고 있다. 이러한 노력의 결실로 2018년 ESG평가에서 휴렛-팩커드는 업계에서는 유일하게 AAA등급을 획득하였다.

다음으로 ESG가 활발한 일본의 사례를 보면

(1) **헨켈 저팬(HENKEL Japan)**은 독일이 본사이며 접착제 제조회사이다. ESG추진배경을 보면 대부분 초장기부터 환경문제에 관하여 많은 관심을 가지고 기업의 차원을 떠나 범 기업

의 참여를 유도하고 펀드 및 자금 활용을 통하여 환경문제를 접근하였다. 구체적으로 일본 제일생명과 제일프런티어생명이 약 74억엔을 공동투자하여 환경문제를 해결할 수 있도록 측면에서 지원하였고, 세계 최초로 조달 자금은 오직 플라스틱 감소 목적으로만 사용하도록 제한하는 선택적 환경 개선 사업에 앞장서서 활동했음을 보여주고 있다.

ESG 추진내용으로는 "플라스틱 폐기물 감소 프레임워크"을 2020년3월에 신규 수립하여 2025년까지 구체적으로 목표를 설정하였다. 첫째,포장재 100% 활용, 둘째,석유가 원료인 플라스틱 사용량을 50%로 최소화, 셋째, 자연환경에서 플라스틱 폐기물 완전 제거등이다. 현재까지도 이러한 활동에 투자 계획을 지속적으로 진행하고 있으며 그러한 결과로 재활용 비율이 높아지고 제조 과정내 환경 오염이 적은 소재 사용을 확대하고 있다.

(2) **후지 오일 홀딩스(Fuji OIL Holdings)**는 식료품 제조회사로서 원료 조달과정에서 인권침해가 빈번히 발생하고 이러한 사고를 예방 및 방지차원에서 ESG 경영의 필요성에 접근했다. 먼저, 원료 조달 카카오 농장에서 아동 노동 학대의 실태가 발생하였고 이를 해결하기 위해 농가 아동에 대한 교육 활동, 환경 조성 등의 활동 수행을 통하여 2025년까지 최악의 아동노동 근절, 2030년까지 아동 노동 제로 달성을 목표로 ESG 경영선포를 하였다.

그 다음에는 팜유생산 관련 원료조달에서 판매까지 생산이력 100% 추적으로 공급망 개선을 위한 고충처리 매커니즘을 도입하여 CSV 공급체인을 넘어 폭 넓은 ESG경영으로 지속가능을 위한 토대를 마련하는 기회를 만들었다.

(3) **메이지(MEIjI)기업**은 식품(유제품 등)제조회사이며 ESG 경영은 국제 사회로부터 글로벌 인권과 환경에 대한 책임있는 원료 조달 요구와 그 필요성에서 출발했다. 추진내용을 보면 신재생 에너지 활용을 확대하기 위해 2020년 4월 규슈공장에서 태양광 발전 설비를 가동하였다. 이를 시작으로 2021년부터 3년간 그룹 단위에서 300억 엔을 투자하여 환경 사업 개선을

하고자 했다. 또한 탈탄소 사회실현을 위해 첫째 2030년까지 플라스틱 사용량을 2017년 대비 7,700톤 절감을 목표로 하였고, 둘째 2021년부터 음료 제품 원료를 바이오매스 배합 소재로 전환하였으며, 셋째, 2023년부터는 생산되는 용기 경량화 추진을 목표로 내세우고 있다. 글로벌 기업으로서의 역할과 책임을 다하기 위해 현재 8개국에서 카카오 생산 농가 지원 활동을 전개하고 있으며, 특히 생산성이 높은 묘목을 농가에 배포하여 카카오 농장의 재생을 지원하는 등 후지 오일 홀딩스에서와 마찬가지고 기업의 전략적 CSV을 통한 공급체인과 연계하여 ESG 활동으로 경영을 강화시키는 전략을 구사하고 있다.

(4) **세븐&아이 홀딩스(Seven& I Holdings)**은 편의점 체인사업 포함 종합 유통 서비스 기업이다. 업종의 특성상 ESG 경영과 특별한 연계성이 없지만 미국 편의점 "스피드 웨이"인수에 따라 탈탄소와 이에 따른 기업의 경영에 대한 투자자들의 비판에 대한 조치 차원에서 출발했다. 왜냐하면 스피드 웨이는 주유시설과 편의점을 함께 보유하고 운영하고 있으며, 미국 세븐일레븐에서 주유매출 비율은 50%이나 스피스 웨이의 경유 80%이 주유시설이 차지하고 있다.

이러한 사업구성에서 환경에 대한 문제의식은 당연시 되었다. ESG 추진내용을 보면 2021년부터 임원들의 급여에 CO_2 감축량을 반영하였다. 또한 미래 비전을 위해 2027년까지 매장 250개소에 전기자동차 급속 충전설비를 도입하도록 하여 향후 친환경 생활 인프라 구축으로 미국 내 1만 4천개의 매장에서 설비를 도입하고자 했다.

친환경 생활 인프라 실천으로는 2050년까지 일본내 점포 운영시 CO_2배출량 제로를 목표로 하여

첫째, 태양광 패널, 재생에너지 설비 확충

둘째, 천연 소재 용기 100% 목표

셋째, 음식 쓰레기 배출량 2013년 대비 75% 감소 목표를 제시하고 있다.

ESG 가치를 말하다

05

5. ESG 가치를 말하다

5-1 왜? ESG인가

국내 '최고령' 석탄화력발전소인 호남화력발전소 1, 2호기가 2021년 12월31일 밤 12시를 기해 가동을 중단했다. 호남화력발전소는 1973년 유류발전소로 준공되었으나 1985년에 석탄발전소로 전환되어 시민들에게 지난해까지 전력을 공급해왔다. 이 발전소는 전남 여수국가산업단지가 세계 최대의 석유화학단지로 발전해온 지난 반세기의 상징이기도 했다.

하지만 이 고도성장의 상징도 '탄소배출 감축'과 '미세먼지 저감'이라는 시대의 흐름 앞에서 멈춰 섰다. 이렇듯 탄소중립 선언은 전 세계적 흐름이자 우리 산업의 경제 성장과 안정을 지속 가능하도록 하는 패러다임의 전환이라는 숙제를 던지고 있다.

이러한 친환경 전환과 맞물리면서 산업구조 변화에서 필연적으로 발생되는 기업, 근로자 그리고 지역의 노동 및 고용환경 변화에 따른 피해는 어떻게 할 것인가에 대한 그늘이 있다. 즉, 탄소제로 이행과정에서 축소 또는 전환되는 에너지. 제조 산업에 종사했던 기업의 퇴출과 이에 종사했던 근로자들의 일자리 그리고 지역 경제 몰락까지 피해가 연결될 것은 자명한 일이다. 특히 이러한 충격은 준비가 충분하지 못한 중소기업 그리고 종사했던 단순 근로자에게 피해가 집중될 것이며 노동시장의 양극화는 지금보다도 더 크게 확대 될 것으로 보고 있다. 그럼에도 불구하고 이러한 문제가 우리만이 아니라 전 세계적 상황임을 인식하고 대안을 준비해야 할 것이다.

사례 3 : 오일 메이저 글로벌 기업의 ESG 추진 사례

(1) 영국의 BP

-2050년까지 탄소중립 달성을 선언, 매년 50억 달러를 저탄소 에너지에 투자

-2030년까지 바이오 에너지와 수소에 투자하여 전기차 충전기 7만대를 확보

-호수 Santos Moomba 가스발전소에서 발생하는 CO_2 1,700 CCS프로젝트에 투자 검토 중.

(2) 미국 엑손 모빌

-2021,2월 탄소 포획 및 저장 기술(CCS)에 30억 달러 투자 발표를 통하여,

-연간 700톤 난소 포집 가능 시설 보유 선포

-조류와 셀룰로오스 바이오매스를 바이오 연료로 전환 추진 계획

(3) 영국.네덜란드:쉘(Shell)

-향후 석유와 석탄의 비중을 줄이면서 풍력,태양광,수소를 중심으로 신재생에어지 및 저탄소 기술에 투자를 집중, 따라서 이제 석유.가스 회사가 아니라 에너지 전환회사로서 전기회사로 탈바꿈을 시도하기 위해

-연간 20-30억 달러 투자 계획을 발표하고 투자금 중 80%이상을 전력 부분에 집중하기로 하였다.

-2017년에는 영국전기가스 공급사(First Utility)와 전기차 충전업체(New Motion)를 인수하였다.

(4) 독일 RWE는 독일에서 범 국가적으로 추진하는 탈석탄정책에 발마추어 2040년까지 신재생에너지로만 전력을 생산하기로 결정하고

-풍력발전,태양광 및 에너지 저장 솔수션에 집중투자 계획을 발표하고 이를 추진하고자 풍력 44개, 태양광 4개의 프로젝트를 진행중.

5-2 ESG의 평가는 기업의 생존으로

주식을 발행한 상장기업은 투자기관의 판단에 의한 투자자금으로 운영된다. 그렇기 때문에 이제는 ESG가 단순히 재무적인 평가에서 비 재무적인 평가로 기업을 분석하는 것이 아니라는 사실이다. 글로벌 투자자들은 앞으로 환경, 기후문제에 관심이 없거나, 환경을 파괴하는 물질을 사용하는 사업과 이에 연관된 기관 또는 기업에게는 투자를 하지 않거나 투자금을 회수 하겠다고 공언하고 있다. 우리가 여기서 눈여겨 봐야 할 것은 과거 블랙록(BlackRock)의 연기금 운영방식이나 유럽의 경제 위기 시 투자에 대한 개념은 오직 기관의 이익측면에서만 고려되었다는 것을 기억해야 한다. 따라서기관투자자들의 투자 정책 변화는 긍극적으로 투자정책에서 배제는 기업에 대한 향후 성장 가능성과 미래 비젼에 대하여 부정적으로 보고 있다는 징표이다. 즉 투자를 통해서만 이익을 추구하는 기관에서 왜 ESG평가를 통하여 투자 정책에 대한 방향을 설정하는지에 대하여 숨어 있는 그 뜻을 명확히 집어낼 수 있다. ESG 평가는 기업의 미래를 알 수 있는 지표가 되었다는 것을 알게 해준다.

사례4 : 연기금 핵심 투자전략

(1) **블랙록(BlackRock)**은 투자의 포트폴리오 구성 시 우선 순위로 지후변화와 지속가능성을 염두에 두면서 펀드 매니저들이 ESG 요소를 반영하였다.즉,2018년에 여성 이사가 2명 미만인 기업에는 투자 중단 계획을 발표하기도 했으며, 사업모델에 기후 위험을 반영하지 않은 244개 기업 명단을 공개하기도 했다. 이제 블랙록은 모든 투자 기준에서 ESG가 가장 중요한 기준 잣대가 되었다.

(2) **아문디(Amundi)**는 2010년 회사 설립 시 부터 핵심투자 전략에 ESG를 포함하여 철저하게 이를 운영하기로 유명한 전문기관이다. 이런 원칙을 바탕으로 2016년부터 매출액의 50%이상을 석탄생산 기업투자 철회, 2018년 기업매출 50%이상 석탄화력발전에서 매출을 일으키는 기업의 투자 철회, S(사회분야) 항목 평가시 기업내의 인적자본,보편적 인권이슈 그리고 기업임원 및 직원간 급여 격차 등을 엄격히 평가 기준을 제시하는 등의 투자 정책을 고수하고 있다.

(3) **일본 연기금(GPIF)**은 경우 기업정보를 위해 ESG평가방식에서 개선 여부를 중점적으로 확인하고 투자 기준을 고려하고 있다. 더구나 ESG평가방식 및 평가결과를 공개적으로 하여 평가 결과를 기업이 적극적으로 반영하여 개선할 수 있도록 피드백을 제공하는 등 ESG에 대하여 기업에 적극적으로 도입할 수 있는 기회를 제공하고 있다.

(4) **노르웨이 연기금(GPFG)**은 현재 운용자산 1조 달러로 최대 규모를 자랑하고 있으며, 이에 따라 사회적 책임을 다하기 위하여 투자 정책 기준을 엄격히 정하고 있다. 이를테면 술,도박 등 사회적 논란이 되는 모든 기업에는 절대로 투자 하지 않는다는 원칙을 마련하여 네거티브 스크리닝 중심의 ESG투자의 자리매김에 많은 공헌을 하고 있다.

5-3 미, 유럽연합의 전략적 ESG

2020년 기준으로 미국의 ESG 관련 금융 투자 규모는 180조에서 200조 정도로 추산되고 있으며 이에 비교하여 중국은 약 50조의 투자 규모를 보이고 있다. 미국이 탄소제로 정책을 2050년까지 의무화 할 것이고 중국은 2060년에 이러한 목표치를 도달하겠다고 발표했다. 유럽연합의 모든 국가는 2014년부터 기업에서는 의무적으로 ESG규정을 의무 준수하도로 되었다. 의무 준수는 수출 및 수입에 있어서 규정을 어기면 이에 상당하는 페널티를 받게 되면서 수출에 심각한 문제를 야기하는 것이다. 아시다시피 산업혁명이후 미국과 유럽의 기업은 장기간에 걸쳐 기업의 체질 변화를 거치면서 경쟁력을 확보해 왔다. 즉, 약 200여년을 거치면서 기업은 다양한 외부 환경 변화에 대비하고 있다는 것이다. 이에 비례하여 중국을 위시한 신흥 아시아 국가의 발전의 역사는 약 50여 년 전,후 일 것이다. 이렇듯 비약적으로 발전한 신흥 국가와 역사와 전통을 가지고 있는 미국 및 유럽연합의 기업들과는 기업의 체질이 분명히 다르게 나타나고 있다. 즉, ESG의 규정 준수는 밸류 체인의 변화가 불가피 하며 이러다 보니 글로벌 기업으로 성장을 위해서는 체질의 변화는 불가피 한 것이다.

이제는 모든 국가가 규정 및 의무가 되면서 이러한 변화의 판에 못 들어가면 기업은 경쟁에서 뒤처지면서 도태될 수밖에 없는 환경이 만들어 진 것이다. 유럽의 주요 완성차 업체들의 친환경차 전환 목표 사례를 보면 확실하게 ESG차원에서 철저하게 접근하고 있음을 보여준다. 2020년 EU 집행위원회에서 집계한 자료를 보면,

먼저 볼보는 2025년 50%를 시작으로 2030년에는 100% 친환경 전환을 목료를 설정했으며, 폭스바겐, BMW는 2030년까지 최소 50%에서 70%까지를, 르노는 2025년65%에서 2030년까지는 90%이상을, 다임런 2025년까지 최대 25%까지 전환목표로 삼고 있다.

2006년부터 유럽은 이미 연기금의 투자 환경을 ESG기준으로 평가하면서 1조 유로의 기금

투자로 기업이 성장을 견인하였고 푸조 자동차는 앞으로 ESG 기준을 어기는 기업과는 거래 하지 않겠다고 선언했다. 향후 모든 자동차 제조업체가 이러한 선언을 하지 않을 까 예측된다. 결국 납품기업을 선정하면서 규제 아닌 규제가 되었다. 이런 상황에서 중국 기업이 가장 큰 피 해가 될 것이라는 것은 확실하다. 기업이 체질 개선을 위해서는 근본적으로 현재의 산업의 구 조의 체질 변화가 절대적으로 필요한 것이다. 현재 중국의 대부분 기업들이 이러한 산업체질 및 설비교체의 개선이 급격하게 이뤄질지는 미지수이다. 설령 체질 개선을 하더라도 많은 시 간과 자금이 필요하게 될 것이고 그만큼 경쟁력 측면에서 처지게 되는 현상이 나타날 것이다. 이렇듯 그동안 양적으로 경쟁했던 무역 전쟁은 주도권이 완전히 미국이나 유럽으로 기울어 질 것이다. 이러한 서구 기업들의 무기를 과연 중국이나 아시아 국가들이 얼마나 준비하고 대처 해야 경쟁에서 이길 수 있을 까 하는 의구심은 남는 숙제다.

5-4 "신 보호무의의 시대"

2015년 195개국이 2020년 적용할 새로운 기업 협약인 파리기후 협약이후 기후 상황에 대 응하기 위해 온실가스 감축으로 지구 환경에 대한 법적 기준을 마련하고 있다. 그 일환으로 실 행되는 것이 탄소국경세이다.

즉,탄소국경세는 탄소배출 규제가 약한 국가, 탄소배출이 많은 국가의 수출품에 대해 부과하 는 수입관세다. 온실가스 규제를 등한시 하는 국가나 온실가스 배출이 많은 국가의 수출 경 쟁력을 약화시켜 궁극적으로 전 지구적인 생산구조 변화와 함께 지구온난화 예방을 꾀한다 는 취지다.

탄소국경세 제도화의 선구자는 유럽연합(EU)이다. EU는 2023년 탄소국경조정제도(Carbon Border Adjustment Mechanism, CBAM)를 도입해 3년 동안은 수입품의 탄소배출량 보 고만 받은 뒤, 2026년부터 탄소국경세를 징수한다는 계획이다.

철강, 시멘트, 알루미늄, 비료, 전기 등 5개 부문 수입품을 탄소국경세 과세 대상으로 우선 적용하되, 점차 대상 품목을 늘려간다는 게 EU 방침으로 알려져 있다. 우선적으로 유럽과 중국 정부의 규제에 플라스틱 산업도 타격을 받고 있다.

미국은 EU에 비해 다소 느리지만, 탄소국경세 추진 의지는 분명하다. 파리기후협약을 탈퇴했던 전임자와 달리, 협약에 복귀한 조 바이든 미국 대통령은 지난해 3월 발표한 '무역정책의제'에서 EU의 CBAM과 비슷한 국경탄소조정(Border Carbon Adjustment) 도입 검토를 천명했다.

지난 30년간 우리나라의 온실가스 배출량이 140%나 급증했다. 이는 같은 기간 OECD 통계를 보면 미국이 1.8% 증가에 그쳤으며, 영국,독일,프랑스 등 선진국은 20%에서 40%이상 배출량을 줄였다. 그동안 우리는 수출수도의 급격한 경제성장 거치면서 글로벌 기업으로서의 양적 성장을 이뤄냈다. 그러다 보니 세계경제규모에서 약 10위권으로 성장가도를 달렸다. 하지만 그 후유증은 만만치 않게 우리를 압박하고 있으며 새로운 도전에 직면해 있다.

대외적으로 90%이상을 수출하는 대한민국, 그리고 우리가 세계시장에서 경쟁력이 높은 품목은 대부분 이에 해당할 것으로 본다.

특히, 대기업에 납품하는 중소기업들의 간접수출까지 감안하면 탄소국경세의 타격 규모는 걷잡을 수 없이 커질 전망이다. 특히 EU로의 간접수출 규모가 큰 중소기업들이 탄소국경세의 치명타를 맞을 수 있다.

2021년 11월 국책연구원인 대외경제정책연구원의 보고서에 따르면"향후 탄소국경세가 복합재나 공급망으로 확대될 경우 국내 중소기업들도 직접적인 규제대상에 포함될 것"이라며 "수출기업들이 경쟁력을 유지하기 위해 탄소국경세 대응 비용과 의무를 하청업체에 전가하거나 요구할 가능성이 높다"고 분석했다.

탄소국경세의 중요성에 대한 압박과 함께 'RE100'이라는 산업계의 기후변화 대응 캠페인이 미국과 유럽 거대기업 중심으로 진행 중이고, 우리 기업들에게도 동참 요구가 거세지고 있다.

2014년부터 진행 중인 RE100은 2050년까지는 태양광·풍력·수력 등 재생에너지만으로 전기를 100% 조달하는 체제를 갖추자는 내용이다.

이러다 보니 애플은 2025년 공급망 전체를 재생에너지를 사용하도록 목표를 정하고 이를 적용하고 있다. '한국 산업계가 직면한 기후리스크의 손익 영향도 분석' 보고서에서 삼성전자가 RE100 참여를 거부하는 경우 2030년 매출이 약 23조700억 원 감축될 것이라고 분석했다.

대한민국은 약 50여 년간 압축 성장과 당시의 미래 가치와 제조업의 강점을 활용한 시장 점유 정책을 시도하여 비약적으로 발전했다. 우리가 그동안 주력으로 국가적으로 성장을 유도한 조선, 자동차, 반도체, 철강, 석유화학 등의 업종은 고용유발 효과가 높은 산업이다. 대규모 투자를 위해서는 대기업이 주도하고 중소 기업과 상생과 협력적 관계로 수직 또는 수평 체인화 될 수 있는 업종이다. 유럽이나 미국에서 유사 업종의 ESG 실행력을 측정하여 규제가 된다면 수출위주의 산업구조로 볼 때 우리가 가장 타격을 받을 것이다. 다만, 준비만 철저히 한다면 신흥 경쟁국을 따돌리는 기회가 될 수도 있다.

	EU	미국
경과	4월 EU의회 본회의 상정	하원의회 소위 계류 중
목적	2050년 탄소중립 실현	2050년 탄소중립 실현
시행	2023년 (3년 유예 2026년 본격 시행)	2024년
적용품목	철강 시멘트 알루미늄 비료 전기(향후 확대)	철강 철 시멘트 알루미늄 천연가스 석유 석탄
과세방법	수입업자가 수입품에 상응하는 탄소배출권 구매	수입업자가 수입품에 상응하는 탄소배출권 구매
예상세수	연간 100억 달러	연간 50억~160억 달러
면세대상	EU 수준 탄소가격 채택 국가	미국 수준 탄소배출 규제 국가 미국에 탄소국경세 면제한 국가

MEMO

ESG를 분석하다

06

6. ESG를 분석하다

6-1 ESG에 대한 담론

경영전략 전문가는 ESG를 경영전략의 일환으로 보고 인사관리, 환경경영, 지배구조 전문가들은 각자 전문성의 관점에서만 ESG를 설명한다. 과거 CSR, CSV, 지속가능경영, 사회적 가치 전문가들도 자신의 영역 범위에서 ESG 경영에 대한 접근과 분석 자료를 생산하다 보니 ESG 담론은 혼란을 가중시키고 있다.

이러한 문제를 정확히 해석하고 진정한 ESG 가치를 공유하여 이를 기업 담당자들이 평가를 위한 개념이 정확히 인식되어야 한다. ESG 가치에 대한 기업의 입장과 소비자의 입장에서 바라보는 시각이 중요하다.

먼저 소비자의 입장에서 기업에 대한 불만이다. 그동안 산업의 발달과정에서 부의 축적이후 이에 대한 사회적 책임에 대한 자원의 분배에 대하여 그에 상응하는 사회적 공헌이 부족하다는 인식이다. CSR 행위인 경우 기업 이미지 제고나 홍보에는 도움이 되었지만 실질적으로 그것이 사회적 가치나 이에 대한 성과까지 연계 되었냐 에 대한 의문이 자리 잡고 있다. 또 다른 시각에서 CSR에서 요구되는 기업의 정보공개 내용과 평가 결과에 대한 신뢰성에 의문을 제기한다. 왜냐하면 여기에는 전통적인 재무제표가 기업의 실질적 위험 및 기회요소가 부실하거나 확인할 수 없는데 근본적 불만이 존재한다. 즉 기업에서 공표한 재무제표에서는 현재 ESG에서 요구되는 E(환경)분야인 탄소 배출량, S(사회가치)인 인적자본 및 혁신 역량 수준, G(지배구조)인 이해관계자 관계 관리 등 ESG의 세밀한 요소들을 들여다 보기 쉽지 않은 구조 지표다. 따라서 이러한 요소들과 평가에 따라 기업의 투자하고자 하는 투자자들에 대한 갈증 요인을 ESG에서는 자연스럽게 해결방안을 제시해 주었다. 결국 이제는 이러한 세세한 항목을 분석하여 공표할 수밖에 없는 ESG가 투자 무대의 중심이 되었다.

한편, 그동안 전통적인 기업의 평가 분석은 국제기준인 GRI (Global Reporting Initiatives) 가이드라인에 따라 공시됐다.GRI가 기업의 다양한 이해관계자들을 대상으로 만들어진 공시 가이드라인이다 보니, 투자자 관점에서는 불요불급한 내용들이 많았다. 또한 GRI에 따른 기업보고서는 대개 기업의 홍보자료 같은 인상을 줬다. 기업의 자랑거리 위주로 편집된 내용도 내용이지만, 화려한 디자인으로 작성된 보고서가 오히려 보고서의 객관성과 신뢰성을 떨어뜨렸다.이러한 문제가 지속되면서 투자자들의 요구와 필요를 반영해 등장한 공시 프레임웍으로 지속가능 회계기준위원회(SASB, Sustainability Accounting Standard Board)와 기후변화 재무정보 공개협의체(TCFD, Taskforce on Climate related Financial Disclosure)를 들 수 있다. SASB는 기업의 ESG성과를 놓고 투자자와 기업을 연결시켜줄 목적으로 설립됐다. 이들은 기업을 77개 섹터로 나눠 각 섹터별 기업의 재무성과나, 생산 및 영업활동에 영향을 미치는 ESG요소를 선별했다.특히 투자자들의 관심이 높고, 재무적 상관성이 존재하는 ESG요소들만 선택했다. 투자자들은 SASB에 따른 ESG 정보를 통해 기업의 비재무적 요소를 고려한 심화된 기업분석을 할 수 있고, '변동성'(Volatility) 등과 같은 전통적인 위험 지표와 함께 '지속 가능성'(Sustainability) 측면의 위험요소들을 판별할 수 있다. 무엇보다 주주 관여 시 어젠다의 우선순위를 설정할 때도 유용하다.다음으로 TCFD는 주요 20개국(G20) 재무장관과 각국 중앙은행장들이 기후변화 이슈가 날로 중요해지는 시점에서 금융기관들이 투자하고 대출해준 기업들의 기후변화 관련 공시 가이드라인을 수립하기 위한 목적으로 설립된 이니셔티브이다.TCFD에 따라 기업들은 기업지배구조, 경영전략, 위험관리, 지표 및 목표설정 차원에서 어떻게 기후변화 관련 위험과 기회를 관리해야 하는지를 공시해야 한다. 여기서 중요한 점은 그것이 재무제표와 어떤 연관관계를 갖고 어떻게 영향을 미치는지를 설명해야 한다는 점이다. 이 역시도 투자자의 의사결정에 큰 도움을 준다.ESG경영은 기업으로 하여금 포장된 CSR에서 벗어나 기업의 전사 전략, 혁신전략 내에 ESG요소를 통합해 4차 산업혁명, 탄소중립, MZ세대(밀레니엄+Z세대)의 등장이라는 메가트렌드에 편승해 중장기적 기업 가치를 제고시키라는 명령인 것이다. 따라서 기업 ESG경영의 출발점은 ESG장기투자자들과의 유기적 소통에서부터 시작한다.

6-2 팬데믹이 몰고온 ESG 바람

일부 학자에 의하면 오늘날 코로나19가 발병한 것은 우연도 아니고 특정 이해관계자만의 잘못으로 이를 이해 할 수는 없다고 한다. 학자들이 주목하는 것은 화석 연료가 몰고 온 기후변화와의 상관성이다. 그동안 언론을 통해서 전해준 정보를 종합해 보면 코로나19는 동물에게서 인간으로 감염되는 '인수공통 감염병'인 것은 확실하다. 영국 케임브리지대 연구진에 의하면 코로나19의 최초 보균원으로 중국 남부 및 라오스, 미얀마 지역 박쥐를 지목했다.

그린피스를 비롯한 환경연구단체에 따르면 다양한 생물종 생태는 그 자체로 전염병에 대한 완충 역할을 수행한다고 보고 있다. 각각의 다양한 생물들 속에서 숙주 생물의 개체 수가 희석되고 있다는 것이다. 그러나 학자들의 주장에 의하면 지금 지구는 20세기 100년 동안 500종 이상의 육지 척추동물이 사라졌다는 '여섯 번째 대멸종'을 겪고 있으며, 환경파괴 및 기후변화로 많은 동물이 멸종하거나 그들이 오랜 기간 거주했던 터전에서 내몰렸다. 그 결과 박쥐와 같은 바이러스 숙주 동물의 서식에 유리한 환경이 조성되었다. 동물들의 삶의 터전이 줄어드니 사람과의 접촉 가능성도 늘었다는 것은 당연한 결과였다. 환경 파괴로 인하여 지구 시스템의 훼손은 홍수나 산불 같은 대규모 재해가 발생하는 재앙으로 우리에게 돌아 왔다.

결과적으로 환경파괴로 인한 기후변화의 심각성은 코로나 팬데믹 이라는 물리적 실체로 우리 앞에 나타났다고 본다. 아직도 언제 끝날지 알 수 없는 세계적 재난 상황 속에서 환경 문제 및 사회의 지속가능성에 대한 경각심과 향후 미래세대를 위한 환경 보존은 유례없는 공감대를 형성됐다.

그동안의 기업 가치에 대한 평가 요구는 전통적으로 재무 제표다. 즉, 매출이나 영업이익, 기업을 운영하는 현금흐름 등 실적이 중요했으며 절대적인 기업의 기준이 되었다. 하지만 언론을 통해서도 많이 노출되고 사회적 지탄을 받았듯이 이제는 기업 오너 일가 또는 임,직원 들의 일탈행위(하청업체 갑질, 금품요구, 성희롱, 접대문화 등)이 발생하거나 언론에 노출되는 즉시 기업 경영에 치명적이 되고 있다. 결국 기업이 실적이 아무리 좋아도 환경적 문제라든지, 기업의 사회적 책임의식, 주주에 대한 지배구조의 건전성을 대중들에게 인정 받지 못하면 기업가치는 하락하면서 기업 경영에 악 영향을 준다. 결국 이러한 요인은 재무적인 건전성이 나빠지고 신용도에 영향을 미치고 기업의 자금운용에도 영향을 주면서 결국 기업의 이익이 감소하기 때문이다. 따라서 과거의 방식대로 재무적인 관점은 비 재무적인 관점과 밀접한 관계와 상호 호환적으로 연동 된다는 사실을 직시한 것이다.

우리가 주목하는 것은 향후 시장경제의 주축이 될 MZ세대의 소비 경향과도 맞물린다. 이제 소비는 '미닝아웃'(Meaning Out)으로 불릴 만큼 단순히 재화나 서비스의 이용만이 아닌 가치 표현 수단으로 자리 잡고 있기 때문이다. 환경은 그 중에서도 가장 대표적이고 또 대중적인 대상이 될 것이며 정부, 기업, 자본, 그리고 소비자까지. 앞으로의 시장경제에서 ESG는 모든 주체에게 가치이자 전략, 기준이자 지표가 될 가능성이 높다고 본다.

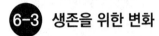

6-3 생존을 위한 변화

리베카 핸더슨(자본주의 대전환 저자)은 20년 혹은 30년 후 새로운 자본주의 세상은 어떻게 변할지에 대해 다음과 같이 그려보고 있다

첫째, "기업은 공유가치에 뿌리를 내리고 좋은 일자리를 제공하고 수익위주의 기업가 정신에서 가치창출을 우선시하는 기업일 것이다. 종업원은 단기 이익이 기업의 장기적 잠재력과 균형을 맞춰야 할 이유에 대한 필요성을 인식한다. 아마도 기후변화의 현실을 부정하고 직원처우가 미흡하고 부패한 기업은 다른 기업의 M&A 대상이 되거나 투자자들로부터 외면을 받을 것이다."기업은 정부의 정책에 대한 문제의식을 긴밀하게 협조하게 될 것이다. 즉, 기업은 성장을 견인하고 환경을 의무적으로 지키고 사회 공동체의 발전과 미래에 대한 고민을 할 것이다.

둘째, "기업 상호간의 공통된 기준을 마련하여 모든 사람이 상향식 경쟁을 할 강력한 동기를 받는다. 구직자들이 선호하는 기업은 환경적으로 사회적으로 존경받는 순위가 될 것이고, 이러한 문제의식에 중요한 역할을 하는 기업은 인재가 몰릴 것은 당연하다. 소비자들은 원칙을 무시하는 기업의 제품은 구매하지 않으며, 사회공동체 테두리에서 구성원들은 공동의 목소리를 통하여 사회와 자유 시장을 파괴하는 집단에 대하여 강력한 집단지성의 매커니즘을 개발할 수 있다.

셋째, 국가는 시장기반 정책을 펼칠 것이다. 그렇지 않은 곳에서는 규제를 통해 환경 파괴를 억제하며, 시장을 진정으로 자유롭고 공정하게 기반을 조성할 것이다. 이러한 환경 속에서 기업은 동기가 부여되어 비즈니스 모델을 만들어 좋은 일자리를 만들고, 지속 가능하면서도 공정한 시장 질서를 만들고 이에 필요한 제품과 서비스를 창출함으로써 기후변화도 완화될 것이고, 불평등해소도 가능하며 경제성장은 지속될 것이다.

리베카 핸더슨의 예견은 아마도 우리가 현재 고민하는 환경, 사회의 가치를 바꾸는 ESG실천에 대한 미래 청사진을 예견하고 있다. 그러나 2021년 현재 기업이 탈 탄소에너지로 전환하겠다는 공약은 예상보다 빠르게 진전되고 있다. 아시다 시피 OECD 국가들은 2050년까지 전력망 전체를 탈 탄소화 하는 계획에 실천하고 있으며, 생산되는 농업 관행도 바꾸고 있다.

산업혁명이후 변화와 기술의 발전은 진일보 하였지만, 그 반대급부로 인간은 자연으로부터 중대한 보복을 당하고 있다. 근대 산업화를 이끌었던 화석연료는 지구의 기후 변화를 야기 시켰고, 온난화 연상은 바다 해수면이 올라가면서 수십만 명의 목숨을 앗아갔다. 어쩌면 당연한 원인의 결과이다.

예측컨대 지구의 환경을 이대로 내버려 두면 지구의 모든 동, 식물의 생태계는 변하고 황폐해지거나 물에 잠길 것이다. 그러한 결과로 지구상의 많은 낮은 지대의 국가들은 물에 잠기고 수백만 명의 이재민이 발생할 것은 뻔 한 결과가 나타날 것이다. 예를 들어 생태계의 파괴로 인하여 곤충의 개체 수는 급격히 감소하는데 그 이유는 아무도 모를 것이고 나타날 결과에 대해서는 아무도 답을 해줄 수가 없을 것이다. 우리가 아는 한 생태계의 생존 가능성을 파괴할 위험을 안고 있다.

6-4 새로운 사업 모델 그리고 가능성

과거 기업은 이익을 우선으로 사업을 운영했다면 이제는 이러한 영역을 넘어서고 있으며 이 속도는 매우 빠르게 전파되고 있다. 그 원인을 굳이 찾자면 기업의 목적이 지속 가능성과 포용 성을 요구하는 밀레니엄 세대의 영향 때문이라고 보고 있기도 하다.

기존 사업모델이나 기술을 토대로 ESG 요소와 접목하여 신사업을 발굴한 사례도 보인다.

일본의 윌스테이지(Willstage)는 독자적인 수질 정화기술을 사회적과제해결을 위한 저리 융 자로 자금을 활용하여 육상 양식 기술개발에 투자하여

–박테리아를 활성화시킴으로써 수조의물을 교체하지 않고 1년간 양식을 가능한 신사업을 현 사업과 연계하여 시도하도였다. 특히 수중에서 복어의 독을 유발하는 성분을 제거하여 "독없 는 복어"을 브랜드 상품으로 출시할 예정이다.

프랑스 카르푸(Carrefour)는 그동안 전통적 대형마트의 판매방식인 싸고 대량판매의 방식에 서 "신선함""로컬""유기농" 중심으로 모델을 전환하여

–소비자와 가까운 로컬생산자와 거래 확대로 합리적 가격으로 접근이 가능한 유형의 매장 확 대를 추진하고 있다.

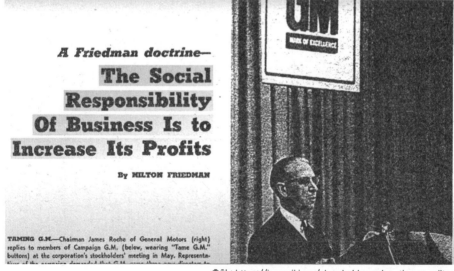

출처 : https://innowiki.org/shareholder-value-theory-milton

"기업의 사회적 책임은 이윤 창출이다" 경영학도가 아니라도 한 번씩은 들어봤을 경구다.뉴욕 출신의 미국 경제학자 밀턴 프리드먼(Milton Friedman)이 50년 전 주창한 명언이다. 프리드먼은 1960년대부터 통화주의(monetarism)를 주창하면서 케인즈 학파에 대항한 시카고 학파(The Chicago School)의 정신적 지주다.

그동안 기업을 운영하는 모든 기업가 정신의 기본 정의가 바뀌는 획기적인 사건인 것이다. 무자비한 경쟁이 난무하는 현장에서 살아남기 위해 기업을 경영한 경영주 입장에서 이러한 제안은 터무니 없었다. 즉 기업의 경쟁에서 살아남아야 하는 양육강식의 글로벌 시대에 기업의 이익이 아닌 다른 데로 눈을 돌린다는 것은 상상조치 하기 힘든 일이었다.

미국에서 가장 강력한 기업인들 CEO로 구성된 비즈니스 라운드 테이블은 2019년 8월 기업의 목적을 재 정의하는 성명을 발표했다. 그 새로운 목적은 "모든 미국에서 활동하는 기업은 미국인에게 봉사는 경제를 증진하는 것"이었다. 181개 기업의 대표들은 자신들의 기업을 '고객'. 직원, 공급업자, 지역사회, 주주 등 모든 이해관계자들의 이익'을 추구하는 방향으로 나갈 것을 공헌했다. 그럼에도 불구하고 135개 이상의 공적연금과 펀드를 통해 4조 달러 이상의 통합자신을 운용하는 미국 기관투자자협의회는 아직도 과거 프리드먼이 주장한 기업의 이윤창출에 그 기준을 두고 있다. "모든 기관투자협의회는 지속적으로 장기적인 주주 가치에 초점을 맞추어야 한다고 믿는다. 더불어 장기적인 주주 가치를 실현하기 위해서는 이해관계자를 존중해야 하는 것은 물론 기업 소유주에 대해서도 명백한 책임을 다하는 것이 중요하다. 따라서 모든 사람을 책임진다는 것은 사실 그 누구에 대한 책임도 지지 않겠다는 말과 같다" 라고 천명했다.

2차 세계대전 이후 전, 후 사정을 보면 한편의 이해가 될 법하다. 당시 시장이라는 존재는 중앙에서 강력한 통제로 계획경제로 대체 될 수밖에 없는 상황이었다. 즉 케인즘으로 대표되는 케이즈 이론은 중앙의 강력한 시장 개입으로 경제를 활성화시키는 것이었다. 2차 대전과 세계 공항을 경험한 입장에서 자본주의 보다는 정부의 입감이 대중의 인기가 높았던 시기다. 왜냐 하면 경제공항위기로 인하여 미국의 GDP는 30%이상 하락했고 산업생산은 거의 50%이상 떨어졌으며 노동인구의 25%이상은 일자리를 잃었다. 그러다 보니 그 이후 60-70년대까지 20년 넘게 규제와 구속이 없는 자본주의는 모든 곳에서 의심의 대상이었을 것이다. 다시 말하면 2차 세계대전이후 30년 넘게 선진국에서는 어느 정도 합리적인 시장 경쟁을 보장하고 공해 등의 외부 효과에 가격을 정하였다. 또한 규제를 강화하고 시장에 참여할 수 있는 능력을 갖추게 만드는 것이 정부의 역할이라고 믿었다. 결국 이러한 성장론에 따라 환경비용인 수조 톤에 달하는 온실가스, 해양오염, 광범위한 지구 생태계파괴 등은 대체로 무시되었다. 하지만 이 시점에서 바라볼 것은 "시장은 성숙된 관리가 필요하다"라는 것이다. 이제 세계 자본주의가 자유롭게 공정의 시장 논리에서 단순히 이익의 극대화라는 명문은 사라지고 있다.

한편 반대급부는 또 다르게 시장에서 흔히 나타난다. 즉, 자율시장에서 트레이드오프(tread off)는 항상 잠재되어 있으며 이러한 문제는 발생되기 마련이다. 즉 시장의 논리가 공익을 지나치게 강조면 시장의 근원이라 할 기업의 동력이 줄어든다. 한편 경제적 자유를 강조하다 보면 사회와 자연의 파괴는 필연적으로 발생할 수밖에 없고 이것은 시장의 균형을 유지하는 제도가 지속적으로 약화할 수 있는 것과 마찬가지다. 90년 초 소련연방이 해체되고 이를 계승한 러시아의 사례에서 시장논리의 중요한 단서를 찾을 수 있다. 잘 아시다시피 이데오르기 시대에 정치적으로 모든 논리를 설명했던 공산주의 하에서 소련 경제는 서구 경제와 비교하면 성장이 더뎠다. 이념이 무너지면서 베를린 장벽이 무너지고 소련이 붕괴하면서 러시아는 자유주의의 시장을 적극적으로 받아 들였다. 당시에 법제도를 만들고 반듯한 교육 그리고 의료서비스를 제공하고 기업에게는 자율권을 주든 듯 하였고 잠깐의 황금기 동안 러시아는 금방이라도 선진 시장경제가 될 것 같았다.

하지만 대부분의 사회주의 국가가 그러하듯이 일부 측근 위주의 부의 분배와 부패, 그리고 일부 기득권층의 부의 집중은 그 민낯이 바로 결과로 증명되었다.

자유 시장에서의 자율이 객관적으로 보기에는 통제받지 않은 권력을 기업이 방임하는 것처럼 보이지만 역할을 충실히 수행하는 정부의 제도가 있어야 기업에도 좋은 결과가 나타난다는 사실을 간과했다.

 "12조 달러"의 거대 시장이 열린다

ESG관련 글로벌 투자자산 추이

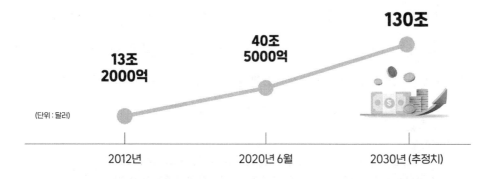

(단위 : 달러)

13조 2000억	40조 5000억	130조
2012년	2020년 6월	2030년 (추정치)

ESG 경영에 따라 새로운 환경 관련 비즈니스는 향후 무한한 가치 창출의 기회가 주어질 것이다. 현재의 속도라면 2030년 세계 재생에너지시장은 1조 달러로 성장이 예측(Morgan Stanley, '07.10)되고 있다. 더불어 세계 각국은 치열한 무역 전쟁을 치르고 있다. 즉 자국시장의 확대와 일자리 창출은 모든 국가의 지상 목표이다 보니 재생 에너지 산업에서 선도적으로 나간다면 얼마나 많은 일자리가 창출될지는 예측하기 어렵다. 한 예로 미국에서 2017년 기준으로 청정에너지 부문에서 일하는 근로자는 약 300만 명이 넘으며 이는 화석 연료 산업에서 종사하는 일자리의 3배가 많은 수치이다. 더구나 수 천 개의 새로운 기업이 생겨나고 수 백 만개의 새로운 일자리가 생겼지만 에너지 수요는 50%는 줄일 수 있었다.

재미있는 사실은 쇠고기에서 돼지고기나 닭고기 같은 소위 흰고기로 식단을 바꾸면 건강비용이 연간 1조 달러 감축된다. 물론 온실가스 배출은 상당히 감소된다.

2030년까지 850억 달러 규모로 성장이 예측되는 식물성 식품산업은 2018년을 기준으로 네덜란드, 독일, 영국의 밀 경작지에서 과거보다 4배 이상의 수확을 하고 있다. 지금까지 환경생태계의 변화로 인하여 전 세계에서 생산되는 식량의 3분의 1정도는 그냥 사라져 버렸다(기후변화로 인한 가뭄, 메뚜기떼, 홍수, 산불 등). 이러한 손실 중 4분의 1만 막아도 연간 10억명은 먹일 수 있고, 거의 2,500억 달러를 절약하고, 전 세계의 온실가스 배출을 상당을 줄일수 있다. 이렇게 수치화 하여 보면 이는 엄청난 수치이고 경제적 낭비였으며 이를 극복하면 기회가 된다.

이제 이러한 시장을 놓고 각 나라는 준비를 하고 있다. 선점을 하면 거대한 이익과 선도 국가로서의 혜택은 이루 헤아릴 수 없다. 물론 이러한 변화가 앞서 서술한 대로 20여 년 전 부터 준비되었지만 향후 10년은 그 속도가 빨라질 것이다. 더구나 코로나 19사태를 겪으면서 그 진행은 속도가 더욱더 빨라지고 있다. 특히 대한민국으로서는 한 단계 점프할 수 있는 절호의 기회가 주어지고 있다.

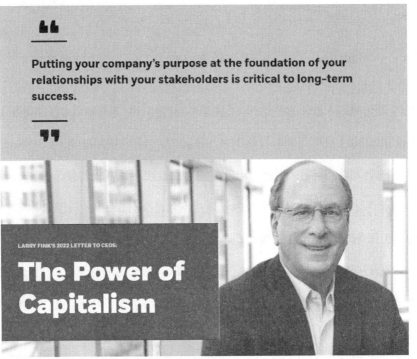

출처 : https://www.blackrock.com/corporate/investor-relations/larry-fink-ceo-letter

ESG 각 항목별 분석

07

7. ESG 각 항목별 분석

7-1 E:환경(Environment)

지난 2019년 Global Climate Strike, 2020년 Black Lives Matter는 글로벌 사회에 중요한 문제제기를 던졌다. 비록 우리나라는 잠잠한 미풍에 그쳤지만 글로벌 차원의 광풍은 기업의 사회 참여, 나아가 지속가능경영에도 많은 변화를 불러일으켰다.

산업혁명 이후 인류는 화석연료를 사용하면서 산업화를 성취했다. 그에 따라 물질적으로도 크게 부유해졌다. 하지만 화석연료의 대대적인 사용은 갖가지 환경문제를 일으켜왔다. 그 동안 자연과 인간을 별개로 여기고 지구 환경과 자연의 순환 과정을 대규모로 파괴함으로써 인간은 역설적으로 '안정된 생태학적 보금자리에서 자기 자신을 내쫓는 위험한 일'을 저질러 온 것이다.

생태학자들은 현재의 생물의 대량 멸종 위기 상황으로 규정한다. 지구촌 곳곳에서 숲이 사라지고 물이 마르고 오염되어, 현재 지구상에 서식하는 생물들이 정상적인 속도보다 100배나 빠르게 멸종되고 있다. 도시 개발이나 팽창이 가치 평가의 우위에 있는 한, 지구의 대재앙을 막을 수 없다는 것이 전문가들의 주장이다. 현재와 같은 추세로 지구온난화가 지속된다면 앞으로 20년 내에 기온이 섭씨 2도가 상승할 것이며, 그럴 경우 지구 생물 가운데 100만종 이상이 멸종할 것으로 보고 있다. 방송을 통해서 보았듯이 히말라야, 티베트, 안데스 산맥의 만년 빙하가 사라질 것이며, 기후 변화에 따른 태풍, 홍수 등은 최근 각국에서 지속적으로 겪고 있다.

미국 코넬 대학 연구진은 전 세계 사망률의 40%는 수질과 공기, 토양 오염 때문이라는 결론을 내렸다. 피멘델 교수는 '심각한 환경 문제는 질병 발생에도 큰 영향을 미치고 있다'라고 말했다.

최근 시베리아 극지방의 빙하가 해빙되자 얼음 속에 있던 탄저균이 살아나서 순록이 떼죽음을 당했다. 과학자들은 시두 바이러스가 얼음 속에 갇혀 있다가 되살아날 것을 매우 두려워한다고 한다.

영국 옥스퍼드 사전은 2019년 올해의 단어로 climate emergency(기후 비상사태)를 선정했다. 2019년은 미국전역에서 극단적인 기후변화로 강수량, 폭설 등 기상 기록 1만 2,000개가 깨졌다(CNN),

출처 : AFP연합뉴스 자료

인구가 팽창하면서 오늘날 자연을 무분별하게 개발함으로써 인간이 야생동물과 접촉할 기회가 많아지고 동물에 기생한 바이러스가 인간에게 감염될 수 있다. 즉 동물과 사람이 함께 감염되는 '인수공통감염병'이 발생할 수 있는 것이다. 밀림 깊숙이 사는 원숭이에게 기생하던 에이즈 바이러스가 사람에게 옮은 것이 그런 예이다.

WHO가 발표했듯이 환경오염으로 인하여 해마다 전 세계 사망자의 6분의 1이 사망한다고 한다. 2015년에는 대기오염이 유발한 질병으로 약 650만 명이 사망했다. 흔히 아프리카의 물부족에서 보았듯이 수질오염으로 전 세계 약 12억 명의 인구가 수인성 전염병에 노출되어 있다고 한다. 그러다 보니 비 위생적 주거 환경 때문에 매년 500만 명이 사망하는데 안타깝게도 그중 절반 이상이 어린이다.

(1) 산업혁명 주역이 환경오염 주범으로

지구의 환경 변화가 시작된 것은 산업혁명이후 화석연료가 대량으로 채굴되고 그 활용도를 통하여 인류문명이 극대화 되면서 이미 예견됐다. 19C이후 석탄과 석유는 과거 누리지 못했던 과학문명의 기초 연료로써 산업혁명의 근원이 되었고 현재까지 두 연료로 이용한 문명의 이기는 이를 대체할 수 없는 상황이다. 현재 석탄과 석유에서 유용한 문명의 이기를 무엇으로 대체 할 수 있을까?

어쩌면 거의 무상으로 제공된 천연원료의 과다 사용은 절제되고 이를 통제하는 수준을 넘어 재앙으로 우리에게 경고와 피해를 주고 있다.

코크스란 석탄에서 수분과 유황을 비롯한 잡다한 성분을 제거해 순수한 상태에 가깝게 만든 탄소 덩어리다. 이 코크스는 대규모 용광로의 시대를 열었다. 산업 발전의 역군으로서 석탄이 활용되는 순간이다.

이런 석탄의 운명이 300여 년 만에 흔들리고 있다. 산업혁명의 발상지 영국에서는 2021년 5월 9~15일 희귀한 기록이 세워졌다. 7군데 화력발전소가 발전기를 돌릴 때 단 한 차례도 연료로 석탄을 사용하지 않아서다. 영국의 가디언지는 "영국은 석탄 동력의 발전소를 건설한 세계 최초의 국가인 동시에 100년 만에 석탄발전소를 모두 폐쇄하는 최초의 국가가 될 것"이라고 전했다.

이유는 환경 때문이다. '온실가스의 주범, 미세먼지의 주범.' 지금 석탄은 절대 악처럼 여겨진다. 없애야 한다는 인식이 퍼진다. 석탄이 인류의 유산인 지구 환경에 해롭다는 건 틀린 말이 아니다.

각국의 고민은 여기에서 시작된다. 석탄은 경제성 면에서 뛰어난 자원이지만 환경오염이라는 부작용이 만만치 않게 크기 때문이다. 특히 2015년 파리기후협약이 체결되면서 선진국과 개발도상국 등 195개국은 2020년부터 온실가스 감축에 나서기로 합의했다. 지구 평균기온 상승을 산업화 시대 이전에 비해 섭씨 1.5도 이하로 제한하도록 노력한다는 내용이다. 한국은 2030년 배출 전망치(BAU) 대비 37% 감축이 목표다. 결국 거의 모든 나라는 석탄 에너지에 대한 의존을 줄이고 환경오염이 덜한 신재생 에너지 등의 개발에 힘써야 할 처지가 됐다.

이미 그런 노력은 시작됐지만 대부분 선진국에서다. 영국 정부는 2025년까지 모든 석탄화력 발전소를 폐쇄하기로 지난해 11월 결정했다.

미국이나 캐나다에서도 지난 5년간 석탄 소비량이 줄었다. 온실가스 감축 노력 등에 힘입은 결과다. 글로벌 에너지기업 BP가 최근 발표한 세계 에너지 보고서에 따르면 2015년 경제협력개발기구(OECD) 회원국의 석탄 소비는 9억7920만t으로 1982년 이후 33년 만에 처음으로 10억t 아래로 감소했다. 이는 2010년보다는 12.2% 줄어든 수치다. 이 기간에 미국의 석탄 소비량은 24.5% 줄었고, 캐나다에서도 석탄 소비량이 21.6% 감소했다.

(2) 환경은 생존이다

과거에는 기업의 존재이유가 기업 가치 제고를 통한 주주와 임직원의 부의 증대라는 제한적인 의미로 해석되었다. 따라서 시장 참여자간 관계는 기업내부자(주주와 임직원)만이 상호 협력적이고 내부자와 외부자 그리고 기업과 생태계의 관계는 상호배타적인 관계가 형성되었다. 이 상황에서 지금까지 기업의 목표는 경쟁력 강화, 수익성 제고 등 기업 가치를 제고하는 데에만 초점이 맞춰져 있었었다. 그러나 시간이 흐르면서 존재이유가 이해관계자까지 가치제고의 대상으로 포함하는 것으로 확대 해석되는 추세를 보여 왔으며, 이에 따라 기업 장기 생존의 중요한 요소로 인식되어·윤리경영을 통한 다양한 이해관계자와의 협력적 관계 형성이 경영 전략의 한 축을 담당하게 되었다. 과거에는 생태계나 환경이 기업 의사결정상에서 그다지 중요한 변수로 작용 하지 못하였으나 최근 들어 생태계 보호에 적극적인 기업이 소비자로부터 더 높은 존경을 받는다는 인식이 확산되고 있다. 이런 이유로 기업의 목표가 환경적인 측면까지 확장되고, 생태계나 미래세대들과의 상호 호혜적인 관계가 기업 의사결정에 중요한 요소로 부각되고 있는 것이다.

이러한 사회 분위기의 흐름은 경제활동 측면에서 1972년 스웨덴 스톡홀름에서 개최된 UN 인류환경회의에서 잘 보여준다. 경제활동이 자연환경에 미치는 영향과 이의 결과로 인간에게 되돌아올 영향에 대하여 최초로 인식하고 동 회의에서 '지구의 날(The Earth Day)'을 선포한 것을 계기로 지속가능발전이 주목을 받기 시작했다.

1987년 세계환경개발위원회가 지속가능발전의 개념을 처음으로 제시함으로써 1992년 리우 정상회담(세계환경기후협약), 2002년 요하네스버그의 (지속가능한 발전을 위한 세계 정상회담) 거치면서 전 세계로 확산되었다.

국제기구에서 핵심적인 논의 내용을 보면, 지속가능경영의 필요성에 대해 과거 경제 발전은 환경(또는 생태계)의 훼손을 필연적으로 수반해왔음을 직시하고 있다. 더구나 지속가능성이 몇몇의 주도적인 기업이 선도해서 해결될 문제가 아니라는 것을 확인하고 있다. 즉, 자원의 고갈과 생태계 파괴는 과거 산업 혁명 이후 가속화된 대량 생산의 산물이었다. 이는 소비로 이어지고 남은 자원이 폐기되는 과정 속에서 현재 인류는 지속가능한 수준을 60%나 초과하여 지구 자원을 소비하고 있다고 봤다. 더구나, 세계 인구는 2050년까지 30억 명이 증가할 것으로 예상된다. 따라서 저개발 국가를 중심으로 한 삶의 질제고 욕구도 가중되고 있으며, 이에 따라 부존자원의 고갈과 생태계의 파괴는 더 이상 감내하기 어려운 수준에 도달할 것으로 예상되고 있다. 결국 현 세대의 경제 발전과 생태계 훼손, 미래 세대의 삶의 질 간의 교환(tread-off)에 대한 질문에 책임을 져야 할 때라는 것이다. 따라서 "더 이상 경제 발전으로 인한 부존자원과 낭비와 생태계 파괴를 좌시하면 안된다 "는 절박감의 결과이다.

(3) 데스밸리(Death Vally)에 빠진 지구는 재앙이 시작되었다

데스밸리는 미국 캘리포니아(주)남동부 북부에 펼쳐진 사막이다. 여름 기온은 58C 까지 올라
간 적이 있으며, 연평균 강수량 40mm, 지표면은 대부분 염수호 또는 늪이다. 현재 북아메리
카에서 가장 덥고 건조한 지역이다. 1849년 서부 이민자들이 발견하고 금광과 사금을 발견할
때까지는 찾아오는 사람이 거의 없던 지역이다. 이렇듯 버려진 사막은 전혀 쓸모가 없다. 이러
한 현상이 다양한 지역에서 나타날 것이라고 기후 학자들은 예견하고 있다.

즉, 2100년까지 지구 온도가 1850~1900년 '산업화 이전'보다 1.5도 이상 높아지면 인류의
생존이 돌이킬 수 없는 위협을 받는다고 한다. 이를테면 해수면 높이는 26~77cm 치솟을 것
이고 전 세계적으로 어획량은 150 만 톤 감소할 것으로 예측되며, 산호초 70~90%가 사멸 위
험에 몰리고 식물의 8%와 척추동물의 4%는 서식지를 절반 넘게 잃게 된다. 산업화 시기 이
전보다 지구가 1.5도 더워질 경우 독도 면적은 반 토막 난다.

지구온난화의 영향으로 극지방 얼음과 동토층이 녹아 바다로 합류되면 바다의 수온이 상승하
면서 부피가 증가해 해수면을 높이는 탓이다. 끔찍하게도 인천국제공항, 김해국제공항 일대도
침수된다. 실제로 국립해양조사원에 따르면 우리나라를 둘러싼 해수면은 1971~2010년 40
년간 연평균 2.64mm 상승해, 같은 기간 지구 전체의 평균치 2.00mm를 웃돌았다.

세계에서 4번째로 작은 섬나라인 남태평양 폴리네시아 투발루는 해수면 상승으로 수도인 푸
나푸티는 이미 침수됐고 지난 2001년 국토포기를 선언했다. 지구상 최초의 "환경이민"이 발
생했다. 투발루에는 공장이 한곳도 없다. 더구나 인구 26만 명이 배출하여 환경오염과 기후변
화를 일으키는 이산화탄소 배출량은 1년 0.46톤으로 미국의 19.7톤, 한국의 9.6톤에 비하면
아주 미비한 수준이지만 환경피해는 고스란히 당하고 있다. 2021년 11월 외무장관은 무릎까
지 빠지는 바닷물 속에 서서 유엔기후변화협약 당사국총회(COP26)에 보낼 성명을 촬영했다.

수몰 위기에 처한 조국의 현실을 직관적으로 보여주면서, 각국에 기후변화 대응을 호소했다. 그는 연설에서 "여러분들이 보는 것처럼 투발루는 가라앉고 있다. 우리의 내일을 지키기 위해 과감한 조치를 해야 한다"고 말했다.

출처 : Tuvalu Government 페이스북 캡처

기후 학자들이 마지노선으로 보고 있는 1.5도 상승 시 데스밸리, 투바루와 같은 현상이 지구의 대부분에서 발생되리라고 보고 있다. 미래 환경 분석가들은 현재 산업화 이전보다 1.1도 지구가 더워졌다고 입을 모은다. 결국 기후재앙이 닥치기까지 우리 앞에는 고작 0.4도가 남은 셈이다.

한편, 세계은행 블로그에 2020년 5월 게재된 '전염병 퇴치: 기후변화와의 연관성'이라는 보고서에서 코로나19 이후에도 미지의 전염병이 인류를 팬데믹에 다시 내몰 수 있다고 예견하고 있다.

그 이유로 2005년 알래스카 툰드라 지역에 매장된 시신에서 '1918년 스페인 독감' 바이러스의 RNA가 발굴됐다. 2016년에는 시베리아에서 폭염으로 영구동토층이 녹는 바람에 '탄저병'으로 75년 전에 죽은 순록의 사체가 노출됐다. 이 탓에 12세 어린이가 숨지고 20명이 탄저병에 감염됐다는 사실관계로 미래에 나타날 재앙을 예측하고 있다.

한국보건사회연구원의 2008년 연구에서는 우리나라의 온도가 1.0도 상승할 경우 말라리아·쯔쯔가무시·렙토스피라·장염비브리오·세균성이질 등 5가지 전염병의 평균 발생률이 4.27% 상승하는 것으로 예측됐다. 모기·진드기·병원균 활동이 기후변화에 힘입어 활발해진다는 얘기다.

세계보건기구(WHO)는 기후변화와 질병과의 상관관계를 담은 정보를 홈페이지에 꾸준히 제공한다. 이에 따르면 기후변화는 인류 건강의 가장 큰 위협이고, 해마다 환경적 원인으로 1300만 명가량 사망한다.

현재처럼 탄소배출 행태가 계속되는 경우 2030~2050년 해마다 25 만명씩 영양실조, 말라리아, 설사, 온열 질환 등 기후변화에 따른 질병으로 추가 사망자가 생긴다는 게 WHO의 우려다.

사례5 : 글로벌 기업들의 E(환경)관련 협력업체 요구 사례

(1) 애플은 전 세계 공급업체을 대상으로 납품하는 모든 부품에 대하여 재생에너지(RE 100 실천)로 제조할 것을 요구하였으며,2021년4월 기준으로 세계 110개 이상의 협력업체가 100% 재생에너지로 제품을 생산하고 있다. 또한 "청정에너지 포털"이라는 협력업체 청정에너지 프로그램을 운영하고 있다.

(2) BMW는 2020년까지 풍력-바이오가스-태양광 등 자가 설비와 인증서 구매를 통해 100% 재생에너지원 전력 조달을 완료하도록 파트너 협력사에게 요구하여 관철시켰다.

(3) 월마트는 2030년까지 10억톤의 CO2를 감축하기 위하여 자사는 물론 협력업체까지 목표 달성을 위하여 다양한 지원과 프로그램을 운영하고 있다.

(4) 마이크로 소프트는 2020년 1월 탄소중립 달성과 더불어 탄소 네거티브 달성 목표를 발

표하여 2030년까지 탄소 네거티브 달성을 목표로 하고 있다. 또한 2050년까지 기업이 설립된 이후(1975)부터 배출한 모든 CO2제거 목표로 설정하고 자사는 물론 협력사로 하여금 동참하도록 요청하고 있다.

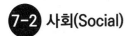

7-2 사회(Social)
ESG, CSR, Sustainable Management 그리고 SV

ESG에서 S(기업가치,사회적책임,사회가치)의 영역을 구분하는데 있어서 대부분 CSR(사회적책임),지속가능경영 그리고 SV(사회적 가치)와 무엇이 다른 것인지를 규명하려는 여러 논의가 있었다. 하지만 이는 단지 개념적 구분의 문제가 아니라, ESG를 어떤 관점에서 바라볼 것인가 하는 문제와 직결된다. 간단하게는 ESG를 기업가치 측면에서 바라볼 것인가, 아니면 ESG를 지속가능경영의 영역으로 바라볼 것인가 하는 다양한 관점이 존재할 수 있다. 지속가능경영은 환경 관점에서 태동했지만 그 의미가 폭넓게 적용되었듯이, ESG가 기업가치 측면에서 등장했지만 그 시작된 의미에 국한시킬 필요는 없다고 생각한다.

또 하나 규명해야 할 것이 ESG와 CSR,와SV와의 관계성이다. 여기서 얘기하는 CSR,SV는 사회적, 환경적 가치를 포괄한 개념이다. 이 둘 간의 관계를 어떻게 설정할 것인가 하는 것 역시 ESG를 어떤 관점에서 바라볼 것인가 하는 이슈와 직결되는 중요한 문제다.

ESG 경영의 특징

CSR (Corporate Social Responsibility)	기업이 영리 활동을 하며 발생시키는 사회불평등, 환경오염 등에 대한 책임감을 갖고 사회적 의무를 수행하는 활동
CSV (Creating Shared Value)	사회적 가치를 창출하면서 동시에 경제적 수익을 추구하는 기업 활동
ESG (Environment, Social, Governance)	비재무적 성과를 판단하는 기준으로 투자자 관점에서 지속가능 경영 수준을 평가한 것

(1) CSR(Corporate Social Responsibility)

1953년 리처드 보엔은 "기업이 가진 재원으로 사회에 적극적인 공헌을 하자는 기업의 사회적 책임"을 처음으로 제시했다. 하지만 당시 "기업의 사회적 책임은 이익 극대화"를 주장했던 밀턴 프리드먼의 주장으로 당시 기업관계자들은 시큰둥한 반응을 보였으나, 21C세기에 들어오면서 UN을 비롯한 국제기구들이 윤리 경영과 사회적 책임에 대한 법적, 윤리적 문제를 지속적으로 거론하면서 국제적으로 이슈화 되었다.

EU집행위원회는 CSR에 대해 기업이 사회에 미치는 영향에 대한 책임으로 정의한다. 자선, 윤리, 법적, 경제적 책임을 다하기 위한 활동이 모두 CSR에 포함되는 셈이다.
반면, ESG는 기업의 주요 이해관계자인 투자자와의 관계에서 출발한다. 투자자가 기업의 환경, 사회, 지배구조에 대한 건전성을 고려하고 단기수익 극대화보다 장기적으로 접근하면 유의미한 투자 성과를 올릴 수 있다는 접근이다
그렇다면 "ESG와 CSR과 차이점이 무엇인가?"에 대한 물음의 대답은 결론적으로 기업의 사회적 책임 범위인 CSR과 ESG의 본질은 같다고 말할 수 있다. 굳이 분류하자면 기업이 법적, 윤리적, 환경적인 문제를 인식하는데 있어서 사회적 책임을 다하고 이와 더불어 주변 이해관계자들과 우호적 관계를 형성하기 위해 노력하는 것이 CSR이고 이러한 재무와 직접적이지는 않지만 기업의 추구하고자 하는 경영의 지향점을 측정하는 지표가 ESG로 설명될 수 있다.

이를 좀 더 조심스럽게 분석하자면 그 동안 재무적인 측면에서 CSR에 대한 투자자들의 다양한 기업의 정보에 대한 문제의식에서 출발한 것이라고도 보고 있다.
즉, 투자자들에게 있어서 CSR활동은 직접적인 실익이 보장되지 않는다는 데 대한 불만이 있을 수 있다. 단순히 기업의 이미지 제고를 위한 홍보 행위이거나 기업의 품격을 높이는 데는

도움이 되었지만 그러한 것이 중장기적 기업 가치와 연결될 만큼 효과적이고 전략적 이었는가에 대한 시각도 자리 잡고 있었다.

또한 정보 공개에 있어서의 평가 기준에 대한 불만이 도사리고 있을 수 있다. 투자자들을 위해 기업에서 공개되는 재무적인 평가 자료로는 기업의 도덕적 해이나 사회적으로 비난이 되어 손실을 입게 되는 경우를 대비할 수 없었다. 즉, 향후 중요해지는 탄소 배출량, 인적자본 및 혁신 역량 수준, 이해관계자, 노사관계, 윤리적 기업운영 등 ESG 요소들을 알 수 없었다. 따라서 이러한 투자자들의 갈증과 필요한 니즈가 ESG를 자연스럽게 등장시켰고 이제는 그것이 주류 투자무대의 한 축이 된 것이다.

또한 전문가들은 대체로 CSR과 ESG를 완전히 다른 개념이 아닌 교집합으로 이해하고 있다. 기업의 사회적 책임(CSR)은 이해관계자 식별과 참여를 중심으로, ESG는 투자 유치에 필요한 비재무적 요소의 분별과 관리, 평가를 바탕으로 각각 발전해 온 개념이라는 평가가 지배적이다.

이를 구체적으로 증명하는 사례가 있다. 그동안 전통적인 기업의 CSR성과는 지속가능보고서 작성 국제기준인 GRI(Global Reporting Initiatives) 가이드라인에 따라 공시됐다. 그러나 2016년 세계 4대 회계법인인 PwC의 'ESG파동'(ESG Pulse)이라는 보고서에 따르면 기업들은 자신들의 지속가능보고서에 대해 100% 신뢰하는 반면, 투자자들은 고작 29%만 신뢰한다고 답했다.

2003년 피터 드러커 교수가 세계적인 질병, 기아, 전쟁 등 사회적 문제를 해결하는 과정에서 큰 사업 기회가 생긴다는 주장을 하고, 2011년 마이클 포터 교수가 이 주장을 정교한 모델로 만든 '공유가치창출(Creating Shared Value, CSV)'가 있다.

두 모델의 긍극적인 목적은 기업 경영자에게 기업 목적과 사회적 목적(활동)을 동시에 추구하라는 요구를 하기 시작한 것이며, CSR을 통해서 기업이 사회에 대한 관심을 더 가진다면 장기적으로 더욱 큰 기업 성과를 거둘 수 있다는 것을 시사하고 있는 것이다.

(2) SV(Social Value)

 최근 ESG 영역에서 온실가스 배출, 인권, 공급망, 평판 등의 이슈가 크게 부상하고 있는데, 이는 기업 리스크 및 기업 가치에 크게 영향을 주기 때문이다. ESG의 출발은 비 재무적인 평가를 통하여 기업이 얻을 수 있는 중, 장기적인 시각에서 안정적인 수익을 얻기 위한 관점에서 나왔다. 예를 들면 석탄 산업에 투자하는 것은 장기적으로 좌초자산을 만들 우려가 있기 때문에 석탄으로 인한 이익 비중이 높은 기업에 대해서는 ESG 투자 시 배제시키는 움직임이 그 중 하나다.

개념을 간략하게 봤는데, 개념만으로는 차이를 잘 못 느낄 수 있다. ESG와 SV는 무엇이 다른가?. 아주 엄밀한 구분이기 보다 상대적인 강조점의 차이 정도라 할 수 있다.

첫째, SV는 사회 관점이 상대적으로 강한 반면, ESG는 투자자 관점이 상대적으로 강하다. SV를 추구하는 경우 기업을 둘러싼 이해관계자의 사회적 가치를 창출하기 위해 노력하고, 원론적 개념의 ESG를 추구하는 경우 리스크 없고 기회 요인을 잘 찾는 건강한 기업을 만들기 위해 노력한다.

둘째, SV는 사회 및 환경적 성과를 추구하고, ESG는 기업의 건강한 구조를 추구한다. 즉, SV는 열매에 비유할 수 있고, ESG는 줄기 및 뿌리에 비유할 수 있다. SV는 특정한 열매(사회, 환경적 성과)를 만들기 위해 노력하고, ESG는 열매가 무엇이 열리는지는 중요하지 않고 대신 나무가 건강해야 한다는 것을 강조한다. 물론 이는 비유일 뿐 정확하게 매칭되지는 않는다. 예를 들면 제품 생산 시 이산화탄소 발생을 줄이는 것은 열매인 동시에 줄기의 건강성이기 때문이다.

이해를 돕기 위한 비유로, 우리 사회에서 사회적 기업에 대해서 SV는 요구하지만 ESG는 요구하지 않는다는 것을 하나의 예로 들 수 있다. 빵을 만드는 사회적 기업이라 하면 취약계층을 얼마나 고용하고, 사회 서비스를 얼마나 제공하는지 SV를 요구하지만, 빵을 만드는 과정에서 물 사용을 얼마나 줄였고, 재료 공급 과정의 투명성은 어떠한지 ESG를 요구하지는 않는다. ESG와 SV는 바라보는 시각에서 그 차이점을 볼 수 있다. 즉, SV는 이해관계자들이 사회적 가치를 창출하는 기업으로 사회 관점에서 보는 반면에, ESG는 리스크가 발생되지 않고 기회요인 잘 찾는 건강한 기업을 원하는 투자자 관점에서 보고 있다.

다음은 사회 영역에서 그 차이를 찾아 볼 수 있다. SV는 제품/서비스가 빈곤, 차별, 교육기회 불균등 등의 사회문제를 해결하거나, 소비자 보호, 고용/안전 등 직원 권익 보호, 공정한 공급망 관리, 사회공헌 등을 추진하는 것을 포괄한다. 고객, 공급망, 직원, 지역사회 등 기업을 둘러싼 이해관계자의 다양한 사회적 가치를 증진시키는 것을 모두 담고 있다. 이 영역은 상당히 광범위하고, 다양한 분야, 대상으로 깊이와 폭을 확대할 수 있다.

반면 ESG는 SV와 영역은 비슷할지라도 기업 가치 측면에서 깊이와 폭을 고려한다. 그러다 보니 공급망을 바라보는 관점도 제한적일 수밖에 없고, 사회공헌 역시 재무-비재무 통합전략 하에서 기업 경영전략과 체계적으로 연계되어 있는지를 중요하게 본다. 또한 우수 인력 확보, 임직원 역량 개발 등도 중요하게 고려한다.

지난 2019년 Global Climate Strike, 2020년 Black Lives Matter는 글로벌 사회에 중요한 문제제기를 던졌다. 비록 우리나라는 잠잠한 미풍에 그쳤지만 글로벌 차원의 광풍은 기업의 사회 참여, 나아가 지속가능경영에도 많은 변화를 불러일으켰다.

물론 이러한 혼란과 범위에 대해서 "행동주의 기업"(저자 서진석)에서 ESG를 설명하는데 가장 이해가 쉽도록 다음과 같이 비유하여 설명하고 있다.

그의 주장에 의하면 SV는 사회 및 환경, 성과 창출을 말하고, ESG는 기업의 건강한 구조를 말한다. 나무로 치면 SV는 나무의 열매이고, ESG는 나무의 줄기이자 뿌리인 것이다. 나무의 뿌리와 줄기(ESG)가 건강하지 않으면 좋은 열매(SV)를 맺지 못한다.

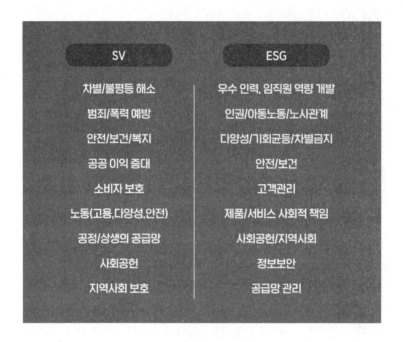

좋은 열매를 맺으려면 반드시 튼튼하고 건강한 뿌리와 줄기가 필요하다.

좋은 열매는 결국 땅에 떨어져 썩어 좋은 양분이 되어 뿌리로 스며들고 다시 건강한 줄기가 되고, 좋은 열매로 맺힌다. 여기에서 좋은 나무의 열매를 주위에 나눠 줌으로써 그 결실을 같이 공유하는 것이 CSR의 역할이라면 좋은 설명이 될 수 있다.

ESG를 잘 하는 기업이란, 건강한 기업미션과 철학을 바탕으로 ESG를 기업의 모든 영역에 내재화하여 (억지스럽고 조작한 열매가 아닌) 자연스럽게 건강한 열매 (사회적가치)를 맺는 기업을 말한다.

(3) 지속가능 경영(Sustainable Management)

1971년 시카고 학파의 거두인 미국의 경제학자 밀턴 프리드먼(Milton Friedman)은 '기업의 사회적 책임은 이익을 많이 내는 것'이라며 기업이 목표를 이윤 극대화로 설명했다.

이러한 전통적인 기업의 목표에 따라 기업은 더 많은 이윤을 얻기 위해 혁신을 추구하고, 새로운 기술과 제품을 개발하면서 경쟁력을 키웠다. 이러한 산업의 발전과 신기술의 개발은 규모의 경제가 되면서 일자리가 만들어 지고 고용이 늘어나면서 가계의 소득이 증가하고, 새로운 소비가 생겨나는 등 경제가 선순환 체제로 성장한다.

하지만 기업의 생산 활동이 사회에 항상 긍정적인 영향을 주는 것은 아니었고 때로는 무분별한 개발로 환경오염이 일어나기도 하고, 노동 문제와 인권 문제 등 다양한 사회 문제가 발생하기도 했다. 그러다 보니 사회문제가 발생되고 이러한 부정적인 영향을 줄이기 위해 기업에는 여러 사회적 책임이 강조됐다. 이러한 요구가 기업입장에서는 시장에서 살아남기 위한 이윤 추구 과정에서 법령과 윤리를 준수하고 소비자, 근로자, 지역사회 등 다양한 이해관계자를 고려한 문제의식에 봉착했다. 미국의 200대 대기업 협의체인 '비즈니스 라운드 테이블(Business Round Table)'은 2019년 기업의 목표를 '이윤 추구와 주주의 이익 극대화를 넘어 모든 이해관계자에 대한 사회적 책임 강화'로 확대하겠다고 밝혔다.

이와 같이 기업의 지속적으로 성장하기 위해서 단기적인 이익과 편의만을 생각할 것이 아니라, 사회에 미칠 장기적인 영향까지 고려해야 한다는 요구가 ESG 경영으로 이어진 것이다. 현재까지 세계의 많은 기업들은 기업의 지속가능성, 사회, 환경의 지속가능성을 위해 여러 경영 방식이나 생산 방법을 시도하고 있다. 여지없이 지속가능성을 위한 기업의 실천에는 최종적으로 상품을 소비하는 소비자의 역할도 중요하다. 소비자의 요구와 선호에 맞춘 제품을 생산하기 위해 기업은 기술 개발이나 경영 방식의 변화 등을 시도할 것이고 소비자들이 외면하면 기업은 도태되기 때문이다.

이에 따라 글로벌 기업들은 자사는 물론 자사와 연계된 협력사에게도 S(사회)관련 도덕적 기준을 요구하고 있다.

사례6 : 글로벌 기업이 협력업체 대상 s(사회분야)를 요구한 사례

(1) 2019년 테슬라에 납품하는 코발트 채굴과정에서 아동 노동착취와 환경오염에 문제가 발생했다. 즉 인권침해 및 불법채굴을 테슬라가 인지했음에도 불구하고 이를 방조했다는 이유로 국제권리변호사회로부터 피소를 당했다. 그러자 2019년 임팩트 보고서를 통해 향후 코발트를 사용하지 않는 "코발트 프리"배터리 개발계획을 발표했다. 이에 따라 테슬라는 배터리에 니켈 함유량을 높이고 코발트 비중을 줄어나감으로써 니켈배터리를 만드는 코발트 프리를 선언했다.

(2) 월마트의 경우는 "인권 성명서"를 발표하고 협력사에도 구체적으로 급여수준, 노동3권 보장, 차별금지, 성평등 그리고 아동노동 및 강제노동 금지 조항에 대한 준수요청을 하였다.

(3) H&M/유니클로/NIKE 기업들은 잘 알다시피 중국의 신장의 인권탄압의 근거로 그 지역에서 생산되는 면화 사용 금지를 2020년에 선언했다.

7-3 지배구조(Governance)
-변화의 시대가 도래한다

20C가 시작되면서 글로벌 경제성장의 원동력은 자본주의가 확대되면서 시장경제가 본격적

으로 확장되는 시기였다. 이 당시 시장경제는 경쟁을 통하여 가장 효율적인 생산과 소비 그리고 자원에 대한 가치의 배분이 왕성하게 성장되는 공간이었다. 상품 생산이 극대화 되면서 자본주의는 기업의 자산 형성 기여에 따라 생산의 모든 과정을 소유하는 이른바 상품의 독점적 지위를 가지는 소유권을 결정하는 수단이다. 이때 기업은 소비자와 노동자, 그리고 생산자와 자본가를 연결하는 핵심적인 매개체가 되는 것이다. 기업은 생산 활동을 통하여 고용을 창출하고 노동자들에게 소득과 소비의 시장 활동을 형성케 하고, 주주들은 기업을 성장 하는 투자를 제공하는 주주 순환의 기틀이 형성 된다.

기업의 지배구조가 태동된 배경은 미국의 정경유착과 기업의 비윤리적이고, 비인도적인 행동을 억제하기 위한 일종의 사회운동으로 시작되었다. 1960년대에는 전쟁을 지원한 기업, 1970년대에는 정경유착을 둘러싼 스캔들이 민간 부분에서 기업지배구조에 참여해야 한다는 의식을 낳게 하였다.1980년대 들어서는 기업의 인수, 합병 시장에서 기업의 주요한 구성원 중 하나인 노동자의 경우에는 근로조건 및 퇴직연금의 보장을 위해 기업지배구조의 의사결정에 참여하게 되는 움직임이 나타나게 되었다. 그러나 기업의 주주가치 극대화라는 목표는 또 다른 문제점을 야기 시켰다. 즉 기관투자자는 기업의 이익증대 요구에 따라 비용 절감 등의 이유로 상시적 구조조정 압력에 놓아지면서 사회적 책임에 대한 필요성의 결과도 낳게 되었다. 2008년 글로벌 금융위기 이후 기업지배구조에 대한 관심과 투자자들의 참여 요구는 더욱 높아졌다. 특히 미국에서 발생된 리먼브라더스 사태(서브프라임모기지론)로 기업의 투명성 제고의 필요성은 더욱 제기 되었고 2010년 영국에서 기관투자자들의 적극적 주주활동을 장려하기 위한 정책적 의도로 도입된 스튜어드십 코드(stewardship code)는 기타 유럽, 일본, 한국 등으로 확대되는 계기가 마련된다. 이러한 과정 속에서 ESG의 비 재무적인 평가는 필연적으로 대두된 과정이라고 볼 수 있다.

그러다 보니 1990년대 들어서 미국에서는 주주 와 이사회 그리고 경영진의 기본적인 지배구조 가운데, 사외이사와 기관투자자들의 역할로 체제가 정비되었고, 이러한 흐름이 영국, 독일, 프랑스, 일본으로 확대되어 1996년 OECD에서 지배구조 5원칙을 제시하고 이를 구체화하는 권고를 공시하면서 선진국 및 글로벌 전반으로 기업지배구조에 대한 관심이 확대되게 된다. ESG에서 G(거버넌스)의 분야가 재무적인 측면이 아닌 비 재무적인 평가를 통하여 기업의 투명성을 제고하고자 하는 요구는 지배구조를 통한 기업의 투명적 제고의 문제점이 고스란히 나타난 결과이다. 즉, 재무적인 측면에서 기업의 지배구조의 평가 지표는 기업의 가지고 있는 재무 외적인 다양성에서 이를 제대로 평가하지 못하여 발생되는 문제점에서 출발한다. 즉, 비 재무적인 부분에 대한 명확한 해석과 평가가 이 시대에 필요한 것이다.

사례7 : 글로벌 기업의 G(지배구조)관련 강화사례

(1) 클로락스의 경우 2019년부터 CEO와 CFO 보상을 온실가스 배출 및 플라스틱 포장재 감소등과 연계하였으며, 넷플릭스는 2026년 까지 다양성 강화를 위해 향후 5년간 매년 2,000만 달러의 "창작발전기금"을 투자 예정으로 있다.

(2)맥도날드의 경우 2025년 말까지 리더십,선임 디렉터 이상의 직급에 여성 비중을 45%까지 높이고 소수집단 비중을 35%로 높일 예정으로 있다. 여기에 임원 보너스는 다양성 성과 목표와 연계하여 지급할 예정이다.

(3) 스타벅스는 2025년까지 흑인 및 소수인정 직원 채용 목표를 30%달성예정이며 이는 경영진 보상과 연계하여 실행할 예정이다.

사례 분석 (1)

1. 대기업군

2022년 1월 중순 네덜란드 연금자산운용(APG)이 국내 대표 기업 10곳에 탄소 배출 감축을 요구하는 주주서한을 보냈다. 이유는 환경·사회·지배구조(ESG) 경영과 'NET-ZERO'를 앞세워 실행방안에 대한 구체적 실천 방안을 요구했다.

 APG는 유럽 최대 연기금인 ABP의 연금자산 850조 원을 운용하고 있으며 삼성전자와 SK하이닉스 지분 0.5%가량을 보유한 것으로 알려졌다. APG는 지난 2020년 한국전력의 석탄발전을 문제 삼으며 지분을 매각한 바 있다.

APG는 "한국 기업 10곳을 '기후포커스그룹'으로 선정했으며 이들 기업들에게 '기후위기 대응 및 탄소 배출 감축 전략의 혁신적 실행에 대한 제언'이라는 제목의 서한을 발송했다"고 밝혔다. 글로벌 연기금이 개별 국가의 특정 기업에 탄소 배출 감축을 요구하는 주주서한을 보낸 것은 이번이 처음이다.

APG가 서한을 전한 기업은 삼성전자· 현대제철· SK㈜· SK하이닉스· LG화학· LG디스플레이 ·롯데케미칼 ·포스코케미칼 ·LG유플러스 ·SK텔레콤이다.

APG에서 한국을 주목한 이유는 간단하다. 즉, 한국의 경제규모나 비중이 전 세계 공급망에서 차지하는 위상에 비해 기후변화에 기민하게 대응하지 못한다고 판단한 것이다. 비록 대기업을 중심으로 2-3년 전부터 ESG관련 다양한 준비를 하고 있지만 국제적인 눈높이에는 아직 미치지 못하고 있다고 보고 있는 것이다. 역설적으로이러한 주주서한이 일본 등 다른 아시아 국가로 확대할 것이라는 것은 그만큼 국제적으로 국내 기업들의 차지하는 비중이 높다는 사실을 알 수 있다.

이러한 상황을 고려하여 연기금에서 지적한 기업을 대상으로 수행하고 있는 ESG 현황에 대한 내용을 기술했다.

1. 삼성전자 (자료: (ESG공시자료, 홈페이지 내용정리))

1. ESG 지향점

추진배경: 삼성반도체에서 생산되는 제품의 작은 칩 하나하나에는 인류와 환경을 지키기 위한 첨단 기술과 빛나는 노력이 응축되어 있다. 따라서 제품 개발과 생산, 그리고 폐기 등 공정의 전 과정에서 환경에 미치는 영향을 최소화 하기 위해 다양한 활동과 연구를 추진한다. 삼성전자는 2008년부터 지속가능 보고서를 발간하면서 기업의 투명성 제고를 위하여 노력 하고 있다.

2. E,S,G 각 분야별 추진현황
E(환경분야)

(1) 기업의 자원순환 노력을 평가하는 지표로 활용되는 글로벌 안전인증 기관 UL의 '폐기물 매립 제로' 인증은 사업장에서 발생하는 폐기물을 자원으로 재활용하는 비율에 따라 등급을 부여하는 제도이다. 등급은 폐기물 자원 순환율에 따라 플래티넘, 골드, 실버, 인증으로 나뉜다. 삼성 반도체는 최고 등급인 플래티넘을 획득하기 위해 꾸준히 노력한 결과 2021년, 5개 사업장이 플래티넘 등급을 획득했고 3개 사업장은 2020년에 이어 골드 등급을 유지하고 있다.

(2) 2020년 기흥사업장과 온양사업장이 '순환자원 품질표지' 인증을 취득한 품목은 8인치 웨

이퍼 박스(Wafer box)와 IC 트레이(IC-Tray)이다.이를 통해 감축한 폐기물 발생량은 연간 약 1,215톤이다. 2021년에는 기흥, 화성, 평택에서 발생하는 비철금속 3종에 대해 추가로 인증을 취득하여, 이를 통해 감축할 수 있는 폐기물 발생량은 연간 약 358톤에 달한다.

(3) 자체 개발한 환경 평가 지수(SEPI)를 통하여 5개의 개발 원칙으로 사업장의 환경 조사 및 분석 그리고 평가를 진행하고 있다. 5대 개발 원칙은 첫째 환경경영 관련 전 영역을 평가 및 관리 체계와 모든 가치 사슬의 친환경 성과를 평가한다. 두 번째는 주요 환경요소인 온실가스, 용수, 폐기물, 화학물질을 중점적으로 평가하며, 세 번째는 반도체 산업의 클린 테크(Clean Tech) 기여도, 즉 저전력·고성능 반도체를 공급하기 위한 노력을 평가하고. 네 번째는 반도체 특성을 반영하는 것으로 기술 수준과 PFC 배출량 현황 등을, 다섯 번째 개발 원칙은 연간 공시 자료를 활용하는 것이다. SEPI는 지속가능경영보고서, 사업보고서 등 공시자료를 바탕으로 면밀한 조사와 분석, 평가를 진행한다.

(4) 삼성 반도체는 기흥·화성·평택·천안·온양 5개 캠퍼스에 관목과 교목 총 약 173만 1천 그루를 가꾸고 있으며, 미세먼지 저감량은 약 61.8톤에 달하며. 이는 경유차 약 3만 6천 대가 1년 동안 내뿜는 미세먼지 양과 같다.

S(사회분야)

1. 노동,인권

노동인권 영향·리스크 관리를 위해 GLI협의체(Global Labor Issue Committee)를 운영합니다. GLI협의체에는 6개 부서의 임원과 실무자가 참여해 노동 인권 이슈 및 현안을 격주로 협의하고 있습니다.

※ **참여 부서** : 인사팀, 법무실, 상생협력센터, Global EHS 센터, 지속가능 경영추진센터, Investor Relations팀

노사간의 중대한 사안의 경우 주요경영진이 참여하는 지속가능경영협의회에 안건으로 상정해 논의하고, 그 내용을 최고 경영진에게 보고하고 있습니다.

2. 공급망

삼성전자는 협력회사 근로환경 개선을 위해 RBA 행동규범 및 글로벌 인권 규범을 반영해 협력회사 행동규범을 수립하고, 협력회사들과 공유하고 있다. 또한, 협력회사 행동규범 준수 및 준법 경영 실천을 돕기 위해 협력회사 행동규범 가이드를 제공한다. RBA 점검 기준에 따라 협력회사를 정기적으로 모니터링하여 리스크를 파악하고 개선하고 있다. 아울러, 우리는 1차 협력회사대상으로 2차 협력회사에 안전한 작업환경을 조성하고 관리할 의무를 부여하여 상호 체계적인 공급체인으로 개선을 점검하고 있다.

3. RBA 제 3자 점검

RBA 회원사로서 RBA 행동규범을 토대로 우리 사업장의 근로환경 기준을 수립하고 관리합니다. 우리는 각 사업장의 RBA SAQ(Self- Assessment Questionnaire) 자가 점검 평가 결과를 바탕으로 매년 6~7개의 사업장을 선정해 제 3자 점검을 실시한다. 제 3자 점검은 RBA로부터 인증을 받은 독립적인 점검 회사가 사업장을 방문해 노동, 보건안전, 환경, 윤리, 경영 시스템 측면에서 근로환경 관련 리스크를 식별하는 점검 프로세스이다. 점검 결과, 리스크가 발견된 사업장은 개선 조치 계획을 수립하고 이를 실행해야 한다.

4. 사업장 경영진과 진단 결과 공유

인사/환경안전 분야 전문가로 태스크포스를 구성해 개선과제 이행

사업장 모니터링 시스템을 통해 개선 과제의 월별 진행 상황 관리

5. 글로벌 기업으로서의 Employee Resource Groups (ERGs)

삼성은 다양한 지역에서 여성, LGBTQ+, 인종, 일하는 부모, 재향군인 등 다양한 종류의 ERG 모임을 운영.

1. 산업안전

2020년 말 기준, 삼성 반도체의 전 세계 모든 사업장은 ISO 45001 인증을 취득하고 새로운 규격에 적합한 안전보건 관리 체계를 구축.

특히,생산 현장에서 사용되거나 제품에 포함될 수 있는 화학물질의 부정적인 영향을 최소화하기 위해 노력한다. 글로벌 환경 기준인 RoHS(EU 전기전자제품 유해물질 사용제한 지침)과 REACH(EU 화학물질의 등록, 평가, 허가, 제한 제도) 등을 반영해 사내 규칙을 제정하고 화학물질 사용에 대한 안전성을 확보하기 위해 화학물질 구매부터 폐기까지 모든 과정을 시스템으로 관리하는 프로세스를 구축.

2. 근로자복지

생산라인과 작업장에서 근무하는 임직원에게 발생할 수 있는 근골격계 부담 작업의 문제점을 발굴하는 것과 더불어 근골격계 질환을 예방하기 위해 근육 및 뼈 질환 예방에 도움이 되는 검사를 실시. 임직원은 기초 체성분 부터 균형감각, 3D 체형측정 등 전문적인 검사 서비스를 받을 수 있으며, 전문가의 1:1 상담을 통해 근골격계 건강증진을 위한 다양한 맞춤 운동 프로그램에도 참여.

3. 사회공헌

삼성 반도체는 사랑의달리기, 사랑의걷기, 기부키오스크처럼 참신한 사회공헌 활동뿐 아니라 도움이 필요한 다양한 분야에서 의미 있는 활동을 펼치고 있다. 1995년부터 정기적으로 진행하는 헌혈도 그중 하나이다.

4. 상생협력

삼성전자는 공급망 경쟁력을 강화하고 많은 중소 협력회사와 함께 성장하기 위해 교육 및 자금, 신기술 개발 등 다양한 분야에서 상생협력 프로그램을 운영하고 있습니다. 그 결과 삼성전자는 동반성장지수 평가에서 업계 최초로 2011년부터 2020년까지 최우수 등급을 획득.

G(지배구조)분야

1. 이사회 독립성 및 투명성

이사회의 독립성과 투명성을 높이기 위해 2018년 이사회 의장과 대표이사(CEO)를 분리함. 2020년에는 이사회 중심의 책임경영을 강화하기 위해 사외이사를 의장으로 선임해 기업 지배구조를 개선.

2. 이사회 전문성 및 다양성

급변하는 경영환경 속에서 이사회의 전략적인 판단이 지속적으로 요구되고 있으며, 이를 위해 이사회 구성원의 전문성과 다양성이 중요하다고 보고 있다. 이를 위해 주력 사업부문인 CE 부문, IM 부문, DS 부문은 해당 분야 사내 최고 전문가가 사업을 총괄하며, 이들은 사내이사이자 대표이사로서 이사회에 참여해 책임경영을 실천하고 있다.

또한, 인종, 성별, 종교, 출신 지역, 국적 등의 다양성을 고려해 이사회가 구성될 수 있도록 노력하고 있다. 이사회 특징은 독립성과 투명성, 전문성, 다양성을 고려하여 선정 및 운

2. 포스코케미칼(자료:ESG공시자료,홈페이지내용정리)

1. ESG 지향점

추진배경 : 1971년 포항축로 주식회사로 출발하여 지난 50여 년 동안 기초 소재인 내화물을 비롯해 철강 분야에 기반을 둔 사업을 확장하며 대한민국 기간산업의 파트너가 되어왔음. 지금까지의 기술력과 사업 인프라를 바탕으로 미래 고부가가치 산업인 음극재 와 양극재 사업을 통해 에너지소재를 이끄는 기업으로 도약할 것임. 특히 내화물에서 화학과 에너지소재로, 전통에서 미래로 영역을 넓히는 도전으로 새로운 가치를 나누고자 노력하고 있음.

포스코케미칼은 환경가치 창출에 대한 중장기 로드맵을 제시하고, 단순한 오염물질 저감을 넘어 환경보존과 지역사회 경제발전이 함께 이루어질 수 있는 단계별 활동을 추진하고 함.

2.E,S,G 각 분야별 추진현황
E(환경)분야

1. 환경경영시스템인증서

포스코케미칼은 2011년 ISO 14001 최초 인증을 시작으로 2020년 양극재 공장과 음극재 2공장에 대한 ISO14001을 취득함으로써 전사업장에 대한 인증을 완료. 향후 내부 관리체계 고도화를 통해 환경 관리개선 사항을 지속적으로 발굴 및 조치하며 해당 영역을 보완함으로써 친환경경영에 대한 이해관계자의 기대에 부응하고자 함.

2. 환경경영시스템 고도화

(1) 시스템 운영수준을 향상, 점검지표,분석강화, 회계관리 표준화 실시.

(2) 자원순환 확대 및 환경오염 제로화

폐기물 감량화, 자원화 증대,공정개선 지원, 진단 Cross-chick

(3) 탄소중립 대응 체계화

온실가스 감축활동, 배출권 확보,신재생에너지 도입

(4) 대내외 소통강화

정책 대응을 위한 소통강화, 교육활성화, 평가등급 향상

S(사회)분야

1. 공정거래

(1) 경영진의 자율준수 의지 표명

· CEO로부터 일반직원까지 자율준수에 대한 관심과 실천의지 표명

· 자율준수관리자의 의지를 대내외에 공표

(2) 자율준수관리자의 지정 운용

· CP운영의 실질적인 책임과 권한을 가진 자율준수관리자의 지정

(3) 자율준수편람의 작성/배포

· 공정경쟁 자율준수를 위한 세부 지침서로써 기업의 특성에 맞는 매뉴얼 작성

(4) 교육프로그램 운영

· 부서 및 직책을 고려하여 차등화된 교육 제공

(5) 내부감독체계 구축

· 사내 불공정행위 예방 및 감독 시스템 구축

· 감독활동에 대해 최고경영자와 이사회 주기적인 보고 실시

(6) 인사시스템 구축 및 자율준수 장려 포상

· 법규 위반행위의 중대성에 따른 임직원 제재조치 실시

· 자율준수 우수 부서 및 개인에 대한 포상 수여

(7) 문서관리체계의 구축

· CP관련 문서관리 책임자를 지정하여 체계적인 문서관리 실시

2. 안전관리 전략

(1) 안전관리 활동

안전사고를 미연에 방지하고 안전한 작업장을 구축하기 위해 최신기술을 현장에 도입하여 사업장 안전관리를 고도화. 또한 전사적으로 안전보건 관련 대응 전략 및 관리체계를 구축하고, 구성원·협력사 대상의 안전 교육을 실시하여 안전문화를 전파

(2) 안전보건경영시스템

체계적인 안전보건경영 추진을 위해 기존 OHSAS 18001에서 2020년 국제 규격인 ISO 45001로 인증 전환을 완료

3. 책임광물

국제사회는 주요 광물이 채굴되는 아프리카 분쟁지역의 심각성(무장단체 유통망 장악, 아동노동, 인권유린 등)을 고려해 기업의 책임광물 활동을 중요시 여기고 있다. 따라서 OECD에서 작성한 책임 있는 공급망 실사 지침과 RMI가 만든 책임 있는 광물 보증 프로세스(Responsible Minerals Assurance Process)를 준수하고 있음

4. 동반성장

(1) Open & Fair9공정거래)

 공평한 거래기회 부여,공정거래 관행 정립

(2) Innovation(혁신성장)

안전·환경을 고려하는 혁신성장 지원

(3) Community(문화확산)

상생협력 활동으로 지역 문제해결 동참

G(지배구조) 분야

1. 이사회 구성

이사진은 주주총회를 통해 공정성 및 투명성을 바탕으로 사내이사 2명, 기타비상무이사 1명, 사외이사 3명, 총 6명으로 구성됩니다. 또한 이사회 운영의 독립성과 투명성을 확보하기 위해 기타비상무이사와 사외이사를 두고 있음.

2. 이사회 운영

포스코케미칼은 정기적인 이사회를 개최하며, 이사 과반수가 참석 및 찬성할 경우에만 안건 이 가결되도록 정관에 명시.

3. 이사회 전문성 및 다양성

사외이사 선출 시 의사결정 과정에서 전문적인 의견을 제시하고 전문성과 독립성을 바탕으로 대주주 및 다른 이사로 부터 독자적으로 견제, 감시감독 역할을 수행하며, 대안제시를 통한 해 당 기업의 경쟁력을 제고할 수 있는 후보자를 선임.

4. 이사회 산하 위원회 설립 예정

포스코케미칼의 지속적인 성장 및 사업영역 확장에 따른 이사회 결정 사안이 증가하고 있습니다. 이에 따라, 포스코

케미칼은 2022년 사외이사후보추천위원회, 감사위원회를 설치할 예정이며, 두 개의 위원회를 통해 의사결정시 전문성과 효율성을 강화할 것임.

3. 롯데 케미칼(ESG공시자료,홍페이지 참조)

1. ESG 지향점

추진배경:1976년 설립된 롯데케미칼은 화학회사로서 합성수지, 기초유분, 화성제품, 건축·인테리어 자재 등의 다양한 제품군은 일상에서 쉽게 접하는 생활용품을 비롯하여 농업, 공업, 의료용 제품, 자동차, 최첨단 신소재까지 다양하게 적용되고 있음.

회사 설립 이래 축적해 온 연구개발 역량을 바탕으로 원천기술 확보 및 신제품 개발을 위한 노력을 기울이고 있음.글로벌 소재 전문기업으로 나아가기 위해 핵심 개발 역량을 지속적으로 강화하고 있으며, 해외 자회사들에 대한 제품 개발 및 기술지원을 확대하여 글로벌 전략을 뒷받침 하고, 더 나아가 지구를 지키는 친환경 기술 개발에 앞장서 미래 가치를 창출하고 있음.

2. E,S,G 각 분야별 추진현황
E(환경)분야

친환경 2030년 목표로 환경보호에 앞장서며, 사회로부터 존경받는 지속가능한 기업으로 거듭나기 위해 ESG경영을 추진하고 있음.

첫째, 친환경 사업 매출 6조원 달성과 친환경 스페셜티 및 그린 에너지 소재로 탄소중립 성장 2050탄소중립 기후위기 극복을 향한 의미있는 성장을 추구함

둘째, Recycle 소재 100만톤 생산 및 플라스틱 자원선순환 체계 구축 환경영향 물질로 50% 저감하여기술/시스템 기반의 친환경 생태계 조성

셋째, 프로젝트 루프(Project LOOP)

플라스틱 선순환 구조 형성에기여하고자 재생 플라스틱 원료를 제품화하는 프로젝트. 국내에서 수거된 PET를 활용하여 재활용 섬유원사를 제작하고 이를 제품화하는 일을 지원. 소셜벤처 엑셀러레이터를통해 소셜벤처기업을 지원하고 수거된 PET를 통해 생산된 재활용 섬유원사를 친환경 제품 제작 업체들에게 제공.

S(사회)분야

1. 파트너사 재무적 지원

동반성장 성과가 2차 파트너사에게 전달될 수 있도록 1-2차 파트너 사 간 상생협약 체결을 적극 권장. 또한 대금결제 정책이 확산될 수 있도록 상생결제 시스템과 현금모니터링 시스템을 구축하여 건전한 기업 생태계가 유지될 수 있도록 지원.

또한 투명한 결제 시스템1-2차 파트너사 간의 지급기일 단축 및 현금결제를 유도하는 현금모니터링 시스템을 구축하여 동반성장의 성과를 2차 파트너사까지 확대할 수 있는 기반을 마련. 1차 파트너사의현금결제 현황을 모니터링 할 수 있고, 파트너사 업무부담을 최소화하며, 영업비밀 노출이 없기 때문에 대기업과 파트너사의 업무 부담 경감 및 상호 협력 효율성 제고

2. 협력활동 성과공유

파트너사들의 지속가능한 경영을 글로벌 수준으로 업그레이드하는 지속가능경영(CSR) 확산
사업을 진행. 동반성장위원회와 협력하여 글로벌 CSR 지표들과 국내 법규에 부합하는 "롯데
케미칼 파트너사 지속가능경영 가이드라인"을 마련하였으며, 전문가들을 파트너사에 파견하
여 지속가능경영 수준 개선을 지원.

3. 기술지원

기술경쟁력 강화를 위한 공동연구 프로젝트를 진행. 연구과제는 제품개발, 공정개선 등 다양
한 과제로 구성되어 있으며, 롯데케미칼의 연구시설을 활용하여 파트너사가 의뢰하는 물질에
대한 물성분석을 지원. 2020년 총 3,889건의 물성분석을 의뢰받아 9,460개의 시료를 분석
하여 파트너사에게 전달.

4. 동반성장

해외진출 전략의 중요한 기초로 파트너사들의 해외 동반진출을 적극 시행. 롯데케미칼이 진출
한 말레이시아, 우즈베키스탄, 베트남, 중국 등의 해외 자회사와 국내 중소 파트너사 거래금액
이 2020년 연간 201억원 증가

5. 안전관리 분야

화학업종의 특성상 현장에서 벌어지는 안전사고의 예방은 매우 중요한 이슈. 롯데케미칼은 파
트너사들의 안전관리 수준을 향상시킬 수 있도록 ISO45001 안전보건 경영시스템 인증 획득
을 적극 권장하고 있으며, 희망하는 파트너사에 외부 전문가를 파견하여 작업환경 측정 등 경
영시스템 개선을 지원

6. 교육지원

임직원 역량 향상을 위한 온라인 교육과정(동반성장 아카데미)를 운영하여 경영, 어학, 직무 등 180여개의 교육과정을 무상으로 제공. 생산현장에서는 파트너사를 대상으로 안전, 환경, 보건 등에 대한 교육을 수시로 진행하고 있음.

7. 채용박람회 비용 지원

파트너사의 인력채용에 대한 고충을 경감코자 리쿠르팅 활동을 지원. 채용 및 일자리 박람회 정보를 수시 안내하여 참여를 독려하고 있으며, 온라인 또는 오프라인 채용박람회에 참여하는 파트너사를 대상으로 매회 50만원의 비용을 지원

8. 인적자원 개발 지원

파트너사들의 품질지도를 위해 롯데케미칼의 전문가를 파견하는 제도를 운영. 매년 우수 파트너사에 해외지도연수를 지원하여 중국, 독일 해외연수를 지원

9. 벤처기업 육성 활성화

롯데엑셀러레이터를 통해 기술혁신 창업기업을 지원하고, 롯데스타트업펀드, 롯데케미칼이노베이션펀드 등에 69억원을 32개 회사에 투자하여 실력있는 창업기업과의 동반성장을 도모.

G(지배구조) 분야

1. 준법지원 체계 운영

2012년 이사회에서 준법통제기준을 제정하고 준법지원인을 선임하여 준법지원 체계를 도입. 선임된 준법지원인은 공정거래자율준수를 포함한 준법통제업무를 총괄하며, 2018년 준

법지원 업무를 위한 컴플라이언스팀을 신설하여 관련 사안과 검토 결과를 정기적으로 이사회에 보고.

또한 ESG와 관련된 각종 규제, 준법 리스크 및 다양한 이해관계자들의 관점을 고려한 중요 이슈들을 도출하고, 이에 대한 리스크 모니터링 및 평가 관리 운영체계 방안을 수립하는 등 컴플라이언스 체계를 고도화.

(1) 감시 및 재발방지

.위반행위 조사 및 관련자 처벌

.익명성 보장의 제보시스템

(2) 내부신고,모니터링 및 위험감지

.내부신고 채널운영

.전산모니터링 시스템을 통한 위험감지, 소명처리

(3) 내부회계통제

.유호한 내부회계 관리제도 운영

(4) 내부규정 정비

.준법경영현장 및 준법경영규정 제정 공표

.반부폐분야 및 공정거래 관련 각종 규정 수립

.임직원들이 현장에서 활용 및 참고 가능한 HANDBOOK,Do's Don't,Cheak list 운영

(5) 전담 조직 설치 및 운영

.CEO직속 준법경영부문 내 컴플라이언스팀 설치 운영

(6) 주기적 교유 및 상시적 상담

.온라인,오프라인 교육실시

.상시 준법 자문

4. SK 텔레콤(ESG공시자료 참조)

1. ESG 지향점

추진배경:SK텔레콤은 1996년 CDMA 세계 최초 상용화를 시작으로 2013년 세계 최초 LTE-A 상용화,2019년 세계 최초 5G 상용화. 5G 시대 SK텔레콤은 AI를 기반으로 고객 맞춤형 서비스를 제공하는 한편, New ICT 시대의 핵심 인프라인 유·무선 통신망을 더욱 고도화 해 ICT 강국 코리아의 위상을 이어 가고 있음.

유무선 통신과 글로벌 초 협력을 통한 미디어 혁신으로 고품질 콘텐츠 제작 및 유통, 글로벌 진출 등 국내 미디어 시장의 성장을

선도하고 있음. SK텔레콤은 ESG(환경·사회·지배구조) 경영을 선도하는 기업으로서, 전사적 차원에서 ESG 경영의 추진 방향을 설정하고 지속가능성을 강하기 위해 노력하고 있음.

2. E,S,G 각 분야별 추진현황
E(환경)분야

1. 환경 경영 시스템

SK텔레콤은 환경 관련 법규 준수를 기본으로 하며 ISO 14001과 함께환경경영 시스템을 구축하고 내부 기준을 수립.

(1) 생산 활동 및 사업 시설

생산 활동 및 사업 시설 전반에 걸쳐 환경경영을 핵심과제로 정의하고 있으며, 온실가스 감축 및 오염물질 최소화를 통해 지구 환경을 보전하고 있음.- SK텔레콤은 친환경 ICT 상품 및 서비스 제공을 통해 환경을 보호해야 할 사회적 책임을 성실히 수행하며, 기후변화에 따른 부정

적인 환경 영향을 최소화하기 위해 노력중임

(2) 유통 및 물류

상품 및 서비스를 공급하는 과정에서 발생할 수 있는 환경오염을 방지하기 위하여 환경 관련 시설의 운영에서부터 해당 업무를 수행하는 협력회사까지 체계적으로 관리

(3) 친환경 공급망

비즈니스 파트너 ESG 행동 규범(Supplier ESG Code of Conduct)에 따라 공급업체, 서비스 제공자, 계약업체, 기타 주요 사업파트너 등 협력업체에 대한 ESG 책임 준수 요건을 정의하고 친환경 공급망 정책을 수립

(4) 폐기물 관리

기업 활동에서 발생되는 폐기물을 최소화하고, 발생된 폐기물의 효율적인 처리를 위하여 보관, 운반, 처리 등에 관한 관리기준을 수립하여 운영하고 있으며, 정기적으로 내부 및 외부 검증을 시행함.

(5) 실사, 인수 및 합병

SK텔레콤은 인수 및 합병 추진 시 Due-diligence를 실시하여 환경 측면의 법규 혹은 환경관리시스템 기준에 충족하지 못하는 잠재적 Risk를 파악하고 기업 가치 산정에 반영하고 있음.

(6) 환경 정보 공개 (Disclosure)

환경경영 방침 및 성과에 대해 글로벌 기준에 따라 고객, 구성원 이해관계자에 투명하게 공개

2. '2050 Net-Zero' 환경경영

미래를 위한 녹색전환을 이루기 위해 전사 차원의 노력을 강화. 또한, ICT기반의 지속 가능한 미래 구현이라는 환경 경영 비전을 달성하기 위해 선제적 기후변화 대응, 환경 경영 시스템 고도화, 친환경 Green Culture조성을 적극적으로 실천

(1) 배출권 거래제 대응 강화

Eco-friendly ICT 인프라 전환- RE 100 이행 계획 수립 및 실행- Global Initiative 적용 및 이행

(2) IT 기반 환경 관리 시스템 구축

환경경영 KPI 도입- 친환경 구매 시스템 강화- 조직 전문인력 구성 및 교육

(3) 친환경 Green Culture 조성

ICT Biz Eco-Impact 강화- 친환경 사회공헌 활동 추진- 구성원 환경교육 강화- 투명한 환경정보 공개

3. Net-zero 2050 목표 설정

(1) 온실가스 감축

온실가스 배출량 및 에너지 소비량을 감축하기 위해 네트워크 장비 통합 운용, 고효율 통신장비 개발 및 도입, 노후 냉방기기 교체, 사옥 내 냉난방 조절 등 다양한 노력과 국내 최초로 통신분야 온실가스 감축 기술 방법론을 정부로부터 인정받는 등 온실가스 감축에 적극 동참하고 있음. 또한 국내 최초로 RE1004)에 가입하여 탄소 배출 이행 상황을 매년 CDP5) 를 통해 점

검 받게 되며, 2050년까지 재생에너지에 의한 전력 사용량을 100%로 전환할 계획

(2) 재간접 온실가스 배출량

SK텔레콤은 재간접 배출량 산정에 있어 보다 정확한 근거에 기반한 온실가스 배출량 산정을 위해 지속적으로 온실가스 배출량의 측정, 보고 및 검증(Measurement, Reporting and Verification, MRV) 체계의 개선 등의 고도화를 통해 합리적이고 투명한 결과를 제시할 수 있도록 노력하고 있음.

*재간접(Scope 3) 배출이란 기업 영업활동으로 인해 사업장 안에서 직접 배출되는 직접배출(Scope 1)과 외부 전력과 열 소비로 인해 발생하는 간접배출(Scope 2) 외 기업 밖의 가치사슬 (Value Chain)에서 발생하는 온실가스 배출을 의미합니다. (예: 공급자로부터 온실가스 배출, 처분 및 운송 등에 따른 온실가스 배출)

S(사회)분야
동반성장(고객,대중소)

1. 고객 피해 사전 예방

SK텔레콤은 콘텐츠 과다사용으로 인한 고객의 요금 부담을 완화하기 위해 다양한 정액 요금제를 출시하였으며, 고객의 사용 현황을 문자로 수시 안내하여, 요금 부담에 대한 예측성을 높이고자 노력하고 있음. 스팸 및 보이스 피싱으로 인한 고객 피해를 예방하기 위해 스팸 차단을 위한 다양한 부가서비스를 무료로 제공.

2. 교육 및 인력 채용 동반성장아카데미

– 협력사 임직원 역량 강화를 위한 맞춤 교육 무상 지원

– ICT 기술, 리더십, 경영혁신 등 70여 개 온/오프라인 교육 제공

– 2020년 기준 2차 협력사 포함 연간 2만여 명 수강

3. 협력사 채용지원

– 협력사 구인난 해소를 위한 인력 채용 포털 운영 및 홍보 지원

– 2018년부터 시행. 2020년 기준 47개 협력사 참여해 122명 채용

4. 금융지원동반성장펀드

– 협력사 경영안정을 위해 최대 30억 원까지 저리 대출 지원

– 1차 협력사의 추천을 받은 2차 협력사까지 확대 지원 중

– 2010년부터 운영 중으로, 2020년 조성 규모는 1,595억 원

5. 대금지급조건 개선

– 중소협력사 유동성 지원을 위해 2004년부터 대금 규모와 관계없이 최대 2일 내 지급하는 대금지급 바로 프로그램 시행 중

– 2005년부터 중소협력사 대상 결제 대금 100% 현금 지급 시행 중

6. 기술지원 및 보호특허 지원

– SK텔레콤이 보유한 특허 1,500여 건을 중소기업의 기술경쟁력 강화를 위해 무상양도 및 허여 지원

– 2차 협력사를 포함하여 연간 안내 및 특허 상담 진행

7. 기술지원 인프라

- 중소협력사 및 1인 개발자를 위해 당사 테스트베드 및 API/SDK 등

- 2010년부터 협력사 기술 보호를 위해 대중소기업재단의 기술자료 임치 비용 및 특허청 영업비밀원본증명제도 이용 비용 지원

8. 구매조건부 신기술개발사업

- 중소협력사 기술개발 활성화 및 판로 확대를 위해 참여 지원

- 2010년부터 누적 24건 지원 중. 2020년 신규개발 3건 지원

9. 판로 확대 지원

- 국내 World IT Show 등 각종 전시회와 해외 Mobile World Congress 등의 협력사 참여 지원, 전시 부스 설치 무상지원 중

- 중소벤처기업부 해외동반진출사업 누적 7건 지원 중

ICT를 활용한 사회적 가치 창출

1. 인공지능 돌봄 서비스(행복 커뮤니티)

AI스피커 및 홈 IoT 기기를 활용하여 독거 어르신과 장애인들의 외로움을 달래 줍니다. 또한, 현장 돌봄 매니저를 통한 기기 관리, 이용 안내와 말벗 케어 등을 지원함으로써 취약계층의 안전하고 자립 가능한 생활 지원을 목표.

2. 레드커넥트

레드커넥트는 수혈용 혈액이 부족해 환자들이 고통받고 있는 사회문제를 해결하기 위해 SK

텔레콤과 대한적십자사가 함께 만든 새로운 헌혈 앱임. 헌혈자는 레드커넥트를 이용하여 본인이 기증한 혈액이 전달되는 경로를 투명하게 확인할 수 있으며, 혈액 검사 결과에 대한 분석 리포트도 받을 수 있음.

3. ICT 메이커톤 대회

 1999년부터 매년 개최되고 있는 이 대회는 PC 및 스마트폰 기반 정보 검색, 레이싱 카(Racing Car) 조립 등 ICT 기술의 트렌드에 맞춰 경쟁 분야가 바뀌왔으며, 장애 청소년을 위한 대표적 ICT 챌린지 대회로 자리매김하고 있음.

4. 장애 청소년 행복 코딩 스쿨

장애 청소년들에게 장애 유형별 체계적인 S/W교육을 제공하여 재능 발굴, 진학 및 진로, 직업 탐색 등에 기여하고,AI스피커 NUGU와 스마트 점자학습기 Taptilo를 연동하여 시각장애인의 효과적인 점자 학습 기능을 제공.

5. 고요한 M

청각장애 택시 기사용 ICT 기술 개발을 통해 일자리 창출 및 안정적 사회 진출을 지원합니다. '고요한 M' 서비스를 통해 111명의 청각장애인 기사가 양성되었으며, 이를 통해 약 30억원의 사회적 가치(장애인 고용)를 창출.

함께하는 사회적 생태계 조성

1. True Innovation

True Innovation을 통해 스타트업에 ▲다양한 Accelerating 프로그램 ▲대내외 파트너와의 협업 기회 ▲Virtual Networking 기회 ▲True Innovation Lab을 활용한 경영 인프라 환경

등을 제공하여. 325개 스타트업을 육성하였으며, 프로그램을 거쳐간 스타트업의 기업가치는 20년 1.5조에서 21년말 2.8조로 성장.

2. 임팩트업스(ImpactUps)

임팩트업스를 통해 사회문제 해결에 기여할 수 있는 혁신기술 스타트업을 지속적으로 발굴, 협력하여 사회 변화와 혁신을 창출.

3. 모바일 티움

ICT 소외계층의 정보 격차 해소를 위한 이동형 ICT 체험 프로그램을 운영. VR(가상현실), AR(증강현실), 홀로그램 등 ICT 기술 체험은 물론 VR/코딩 전문 인력 양성으로 직업 탐색의 기회와 경력 단절 여성들의 일자리를 창출하는 성과를 거두고 있음.

G(지배구조) 분야

1. 윤리경영의 추구가치

이해관계자 별 Communication 채널은 개별 부서에서 관리 및 처리하도록 책임제로 운영된다. 담당조직 및 담당자 지정하여 Stakeholder Engagement Framework 관련한 주요 이슈 및 전체 프로세스는 이사회 산하 기업시민위원회에 보고된다.

2. 자유로운 Engage

모든 이해관계자들은 이슈의 제약 없이 자유롭게 Engage가 가능하며, Engagement 채널은 모든 이해관계자들에게 항상 개방되어 있다.

Engagement 채널은 담당 부서 책임제로 운영하여 Risk를 관리함으로써 운영의 효율성 제고 및 관리상의 피로도를 낮춘다.

해외지사 및 지방 본부를 포함한 모든 사업장에서 Stakeholder Engagement 과정은 동일하게 이뤄진다.

5. SK하이닉스(홈페이지, 지속가능 보고서 참조)

1. ESG 지향점

추진배경:SK하이닉스는 글로벌 테크 리더십(Global Tech Leadership)을 통해 고객, 협력사, 투자자, 지역사회, 구성원 등 이해관계자들에게 가치 있는 미래를 선사해 글로벌 ICT 산업을 더욱 윤택하게 발전시키고 있음. 더불어 협력회사 대상 기술협력 투자와 함께 '위두테크(We Do Tech) 센터' 조성을 통해 축적된 반도체 전문지식과 경험을 공유하여 반도체 산업 생태계 활성화를 위해 노력. 아울러 경제적 이익만 추구하는 경영방식보다 미래 세대와 공감하며, 사회적 가치를 우선하고, 건강한 기업 지배구조를 고민하는 ESG 경영을 강화하여 더 많은 경제적/사회적 가치를 창출하고자 합니다. 이를 혁신의 출발점으로 삼아 인류와 사회에 기여하는 Great Company가 되고자 함.

2. ESG 각 분야별 추진현황
E(환경 분야)

1. 재생에너지 사용 비율 향상과 온실가스 배출 감축

국내 최초 RE100 가입 선언으로 전 사업장 에너지 사용 비율을 2050년까지 100% 재생에너지로 조달.해외생산 사업장은 2022년까지 중국 우시와 충칭사업장에서 사용하는 총 전력의 100%를 재생에너지로 조달할 예정임.또한 지속적 온실가스 배출 억제로 2022년까지 매출액 대비 온실가스 배출 원단위를 40% (2016년 BAU대비) 감축할 프로세스를 진행 중임.

2. 온실가스 감축

SK하이닉스는 2018년 "2022 ECO 비전"을 통해 2022년까지 온실가스 배출 원단위를 40%(2016년 BAU 기준 원단위: $29.7tonCO_2eq.$/억 원) 감축하기로 하고 매년 목표달성을 위해 전사적으로 노력하고 있음. 2050년까지 재생에너지 비율을 100%로 하는 'RE100'의 단계적 진행을 통해 재생에너지 비율을 높여감으로써 재생에너지 전환에 따른 온실가스 감축량을 늘려갈 계획.3.재생에너지 사용

SK하이닉스는 'RE100' 선언과 함께 2050년 100% 재생에너지 사용이라는 목표를 설정하고 단계적인 실천을 위해 전사 재생에너지 Task Force Team을 운영.향후, 현재 진행 중인 녹색프리미엄 제도를 통한 재생에너지 구매를 시작으로 인증서(REC) 구매, 제3자 PPA, 재생에너지 생산기업에 대한 지분투자와 직접 재생에너지 설비 구축, 운영 등으로 꾸준히 재생에너지의 사용 비율을 높이는 것을 목표로 하고 있음.

3. 다양한 자가발전 노력과 에너지 절감 활동

이천사업장 P&T 공장에 641kW 규모로 설치한 태양광 발전설비를 통해 2020년 약 793MWh의 전력을 생산했음. 만들어진 전력은 현재 건물 내 식당과 조명등을 켜는 데 사용.

S(사회분야)

1. 사회적 가치(Social Values) 창출을 극대화하기 위한 중장기 추진 계획인 'SV 2030' 로드맵을 발표하고 '환경', '동반성장', '사회 안전망', '기업문화' 등 4대 SV 창출 분야를 정하고, 각각 2030년까지 달성하고자 하는 목표를 구체화.

아울러 SK하이닉스는 최근 SK 관계사들과 함께 국내 기업 최초로 가입한 RE1001) (Renewable Energy 100, 2050년까지 재생에너지 100% 사용)의 단계별 이행 계획도 이

번 선언에 담았다.

2. 환경:Green2030

Green 2030을 통해 2050년까지 RE100/Net Zero 완수, 대기오염물질 추가 배출 제로, 폐기물 매립 제로(ZWTL2), Zero Waste To Landfill) 골드(Gold) 등급 달성, 수자원 재이용량 3배 확대 등 친환경 반도체 제조시스템을 고도화해 후세에 물려줄 깨끗한 지구를 만드는 데 일조하고자 한다.

3. 동반성장: Advance Together

SK하이닉스는 소부장(소재, 부품, 장비) 협력회사들의 역량을 높여 한국 반도체 산업 전반의 경쟁력을 키워가고자 한다.

이를 위해 협력회사 대상 기술협력 누적투자 3조 원 달성, '위두테크(We Do Tech) 참여 협력사 전체의 매출 증대 등을 추진한다.

4. 다양성/포용성 기반 기업문화: Corporate Culture

기업경영의 목적을 구성원 행복에 두고, 구성원의 자기계발 시간 확대와 다양성·포용성 기업문화 정착을 추진한다. 다양성·포용성 주제의 교육 의무 수료, 여성 채용 비율 확대와 여성 리더 양성 프로그램 보강 및 직책자 비율 확대가 실행되며 구성원 인당 연(年) 200시간 이상의 교육 보장 등 문화적, 제도적 환경을 마련한다.

G(지배구조)

1. 거버넌스

SK하이닉스는 독립적이고 투명한 지배구조가 장기적인 기업가치 제고와 이해관계자의 행복을 위한 근간임을 인지하고, 보다 나은 지배구조 확립을 위해 노력.

2. 다양한 소위원회 운영

이사회가 최고 의사결정기구로서 경영진에 대한 관리·감독 기능을 충실히 수행할 수 있도록 하기위해 다양한 노력을 하고 있으며, 그 일환으로 전문성을 갖춘 소위원회를 운영하고 있음. 2018년 지속경영위원회를 설치하여 지속경영 추구라는 회사의 경영이념 달성을 위한 전략과 성과를 심의. 2021년에는 기존 보상위원회를 인사·보상위원회로 명칭을 변경하여 이사 및 경영진의 보수 외에도 인사 관련 심의 사항을 추가(대표이사 경영성과 평가 및 보수 책정 등)해 위원회 기능을 확대.

3. 이사회 전문성 및 다양성 확대

SK하이닉스는 다양한 이해관계자들의 관심사항을 고려하여 이사회를 운영할 수 있도록 구성원의 다양성을 확보하기 위해 노력. 이사 선임 과정에서 국적, 성별, 종교, 인종 등의 다양성 요건을 고려하고 있으며 관련 법령에서 정한 자격 요건에 부합하는 자를 주주총회결의를 통해 선임.

6. LG디스플레이(홈페이지, 지속가능 보고서 참조)

1. ESG 지향점

추진배경 : LG디스플레이는 1987년 TFT-LCD 개발을 시작으로 OLED, IPS 등의 차별화된 기술을 통해 혁신적인디스플레이 및 관련 제품을 생산·판매하는 글로벌 디스플레이 회사임. TV, IT, Mobile을 비롯하여 자동차 및 상업용 디스플레이 제품에 이르기까지 다양한 디스플레이 제품군에서 Cinematic SoundOLED, 8K OLED, Flexible OLED 등 혁신적인 신기술을 지속 개발하고 있음.

지속가능경영을 추진하기 위해 4대 전략 및 중점전략과제를 도출하여 이행하고 있으며, 전사 ESG 추진활동에 대한 통합적인 의사결정은 ESG 위원회를 통해 이루어지며, 국내뿐만 아니라 해외 법인까지 확대하여 관리·감독 역할을 수행중. 앞으로 ESG 경영활동을 적극 추진하여 회사의 경쟁력을 제고 하고 디스플레이 산업 전반의 지속가능한 발전에 기여하고자 함.

2. ESG 각 분야별 추진현황
E(환경분야)

1. 온실가스 감축

온실가스 주요 배출 원인 SF6가스를 GWP(지구온난화지수)가 더 낮은 가스로 대체하거나 SF6 및 NF3 등 온실가스 사용 공정에 감축설비를 설치하는 등 대대적인 환경투자를 진행. 또한 전사적인 에너지 절감 프로젝트를 진행함으로써 배출권거래제 대응은 물론 기후변화 리스크 대응 경쟁력을 확보. 이를 통해 2020년에는 1,436,426 tCO2의 온실가스를 감축하였으며, 향후 공정 내 온실가스 배출 Zero를 위해 지속적으로 저탄소 청정생산기술을 개발하고 에너지 효율을 향상해 나갈 계획.

2. 제품 친환경성과지표(Eco Index) 운영

친환경 제품 개발을 위한 '제품 친환경 성과지표(Eco Index)'를 도입. 제품 개발 단계에서부터 자체 평가를 실시하고 있으며, 평가를 통해 자원, 에너지, 유해물질에 대한 친환경 제품 기준을 강화하여 고객 지향적인 친환경 제품 개발에 앞장서고 있음.

3. Eco Label 개발로 친환경 제품인증 확대

지난 2017년 업계 최초로 글로벌 검·인증 시험 기관인 SGS와 공동으로 TV용 디스플레이 모듈의 인증 프로그램(Eco Label)을 개발. 이 프로그램은 제품 개발 및 생산과정에서의 유해물질 관리시스템과 제품의 재활용률 및 유해물질 사용 여부 등에 대해 심사를 진행. 이 프로그램을 통해 2017년 최초 OLED TV 모듈에 대해 SGS Eco Label인증을 획득하고, 2020년에는 OLED TV 모듈 대부분의 모델에 대해 인증을 획득하여 친환경 우수성을 공인.

4. 오염물질 배출 저감

대기 및 수질오염물질 배출로 인한 지역사회 환경영향 최소화를 위해 법적 기준 70% 수준의 엄격한 기준을 자체적으로 설정하여 관리. 당사는 이 기준을 달성하기 위해 최적의 환경오염 방지시설을 설치 및 운영. 특히 방지 시설 고장 시 오염물질을 적절하게 처리할 수 있도록 모든 방지시설에 별도의 예비용 설비를 추가로 설치하여 운영. 또한 오염물질 배출 실시간 측정시스템을 구축 및 운영과 함께 추가적인 휴대용 측정장비도 도입하고 있음.

5. 폐기물 발생량 저감 및 자원순환 극대화

폐기물의 발생부터 처리까지 전 과정을 실시간 모니터링할 수 있도록 자체 시스템을 개발, 운영하고 있으며, 이를 한국환경공단에서 운영 중인 '올바로 시스템'과 연동, 폐기물 전 과정에서 투명성을 확보하고 있음. 또한, 환경부와 한국환경공단이 추진하고 있는 '자원순환성과 관리시범사업' MOU를 체결하며 폐기물 배출·보관·운반 프로세스의 개선과 처리 기술 개발을 통해 재활용을 극대화함 으로써 2018년부터 시행된 '자원순환기본법'에 선제적으로 대응. 특히, 폐유리에 부착된 필름으로 인해 전량 매립 처리되던 폐유리의 필름 분리 기술을 개발, 적용함으로써 폐유리 재활용률 100%를 달성. 이외에도 제조공정 개선을 통해 약액 사용량을 최소화 하여 폐산 발생량을 저감하였을 뿐 아니라, 저농도 폐산 재활용 기술을 보유한 협력사를 발굴하여 저농도 폐산을 재활용 하는 등의 활동.

S(사회분야)

1. 상생협력 전략 체계

LG디스플레이는 '협력사의 경쟁력이 곧 LG디스플레이의 경쟁력'이라는 상생 철학으로 다양한 동반성장 활동을 추진하고 있습니다. 특히 1, 2, 3차 협력사 간에 형성된 수직적 관계를 해소하고, 모든 협력사와 함께 수평적 상생 생태계를 조성하기 위해 '新상생협력체제'를 도입하여 금융,기술, 의료복지 3가지 분야의 동반성장 프로그램을 2, 3차 협력사까지 확대하여 협력사와 당사의 경쟁력을 동시에 제고 하고 있음.

2. 협력사와의 소통 강화

동반성장 포털*은 더욱 투명하고 활발하게 협력사와 소통하기 위한 LG디스플레이만의 온라인 플랫폼을 통하여 동반성장 Board, e-VOS, 동반성장 Voice 등 다양한 채널을 통해 각종 목적에 맞게 협력사와 소통.

3. 자금 지원 및 상생결제시스템

 상생기술협력자금의 무이자대출, 명절대금 조기지급 등 직접적인 형태의 자금 지원을 통해 협력사의 원활한 자금 운용을 돕고 있음. 더불어 동반성장펀드, 네트워크론 등 간접적 지원을 통한 저금리 대출 상품의 제공 등 직·간접적인 방법을 아우르는 다양한 금융 지원을 시행.

4. 협력사 주도 기술역량 배양

'협력사로부터의 혁신'을 핵심 기술 전략으로, 단순한 협력을 넘어 협력사의 기술혁신을 도모. 이를 위해 공동연구개발, 제조혁신 활동, 신기술 장비 공모제 등 다양한 프로그램을 시행하여 협력사의 기술역량을 배양. 매년 협력사와 공동연구개발을 진행하고 있으며, 이를 통해 개발된 협력사의 우수기술에 대해 공동개발·특허출원 등을 지원, 기술 경쟁력 확보까지 지원.

5. 인증을 통한 글로벌 표준화

임직원의 안전한 근무환경을 위해 국내외사업장에 안전보건경영시스템을 구축. 2020년 기존 안전보건 관련 국제 규격인 OHSAS 18001에서 ISO 45001로 전환하여 인증을 취득했으며, 협력사와 공생 발전을 목적으로 산업재해 예방사업인 공생안전 프로그램 인증을 통해 안전보건에 대한 사회적 책임을 강조.

6. LGD Safety Rules

LG디스플레이는 사업장에서 당사와 협력사 임직원의 안전사고 예방을 위하여 LGD Safety Rules를 제정, 운영.또한 안전장치, 밀폐공간, 고소, 전기, 중량물, 지게차, 화기, 화학물질 작업에 대한 8대 생명 Rules를 제정하여 중대재해를 예방하는 데 앞장서고 있음.

7. 선진 산업보건체계 구축

사회적 책임을 다하기 위해 작업환경을 재점검하고 산업보건 지원보상제도를 제공하는 등 미래 지향적 선진 산업보건체계를 구축하여 제조업 최고수준의 안전한 근로환경을 보장하고 있으며, 사업장에서 근무한 임직원과 사내 상주 협력사 직원 중 일부 암이나 희귀·난치성 질환 및 자녀 질환 등에 대해 발병 사례가 있는 경우, 업무연관성과 관계없이 포괄적으로 지원. 또한 객관성 및 공정성 확보를 위해 외부 위원을 위원장으로 위촉하여 'LG디스플레이산업보건 지원보상 운영위원회'를 운영하고 있음. 아울러 임직원들의 잠재적 건강 리스크를 최소화하기 위해 정기적인 건강수준 평가, 예방적 건강정책 추진, 화학물질관리 시스템 개선 등을 지속적으로 추진.

8. 지역사회 맞춤형 사회공헌 실천

(1) 희망날개클럽임원·담당 장학사업을 통해 재능은 있으나 경제적 어려움을 겪는 예체능/이공계 청소년들의 꿈을 지원.

(2) Dream 성취 Project:꿈과 열정이 있는 취약계층 1:1 맞춤형 후원을 통해, 꿈과 목표 달성을 지원.

(3) 꿈꾸는 과학실학교의 낙후된 시설을 개선하는 과학실 현대화 사업을 통해 과학 꿈나무 학습 환경 조성에 기여.

(4) 해외 사업장 IT발전소소외계층 아동의 디지털 격차를 해소하기 위해 컴퓨터 학습 환경을 조성.

(5) 해외 무료 안검진 해외 저개발국을 대상 무료 안과진료를 실시하여 지역 주민 눈 건강 증진에 기여.

(6) USR/CSR해외봉사활동: 해외 저개발국가 낙후지역 학교 시설물 조성 및 문화교류를 통해 학생들이 더 나은 환경에서 교육받을 수 있도록 함.

(7) 치매예방/극복지원돌봄:사각지대의 치매 가정 대상 조호 물품을 지원하고, 치매 친화적 환경 조성을 위해 치매인식개선공모전을 개최.

(8) 안전한 지역사회 만들기: 버스승강장에 LED등을 설치한 '반딧불이 버스승강장'을 구축하

고, 화재취약지역에 기초소방시설을 후원하는 등 안전한 지역사회 조성에 기여.

G(지배구조)

1. 이사회의 독립성 및 전문성이사 선임 시 LG정도경영을 실천할 수 있는 윤리의식과 도덕성을 검증하고 있으며, 사외이사의 경우 사외이사 후보추천위원회가 다양한 분야에서의 전문성 및 경험을 토대로 회사 가치를 높이고 주주 권익을 보호할 자질이 있는지를 심층적으로 검토하여 후보로 추천하고 있음.

2. 이사회 내 위원회

감사위원회와 사외이사 후보추천위원회는 법령에 따라 의무적으로 설치된 된 것 외에도 다양하게 위원회를 운영하고 있음.

1) 감사위원회는 회계와 주요 경영 업무의 감사, 내부회계관리제도 운영실태 평가 등을 수행하고 이사와 경영진이 합리적인 경영 판단을 할 수 있도록 그 직무집행을 감시.

2) 사내이사 후보추천위원회는 사외이사 후보자가 이사로서의 독립성, 전문성 등을 갖추고 있는지에 대하여 엄격히 심사하여 최종 후보로 추천.

3) 내부거래위원회는 내부거래의 공정성과 투명성을 제고하기 위하여 일정 규모 이상이 되는 계열회사 및 특수관계인 간의 거래를 심의·승인하고 그 결과를 이사회에 보고.

4) ESG위원회는 회사가 환경 및 사회에 대한 책임과 역할을 다하고, 투명한 지배구조를 확립하여 장기적으로 지속가능한 성장을 이룰 수 있도록 함.

5) 경영위원회는 일상적인 경영사항 및 일정 규모 이하의 재무에 관한 사항을 이사회로부터 위임받아 처리함으로써 이사회가 보다 더 중요한 안건을 집중적이고 효율적으로 심의할 수 있도록 하고 경영진의 신속한 업무 수행을 도모.

7. LG유플러스(홈페이지, 지속가능 보고서 참조)

1. ESG 지향점

추진배경 : LG유플러스는 1996년 7월 11일 설립 이래 현재까지 고객의 삶에 의미 있는 변화를 만들기 위해 노력해왔음. 이동통신사업과 초고속 인터넷, VoIP(데이터 음성통화), IPTV서비스로 구성된 결합서비스와 각종 솔루션 및 데이터 서비스 사업을 꾸준히 발전시켜 왔으며, 2012년에는 세계 최초로 LTE전국망을 구축해 초고속, 고품질 서비스를 제공.

서비스를 이용하는 고객을 중심에 두고 '모바일(Mobile)'과 '홈(Home)', 'IoT', '기업(Corporate)'으로 사업부문을 구분하고 최적화된 네트워크를 기반으로 혁신적인 유무선 결합 서비스를 상품화하고, 고객의 생활에 차별화된 가치를 제공하기 위한 수준 높은 컨텐츠를 개발하는 데 주력.

5G 및 IoT시대에도 고객에게 여유와 행복, 편의를 가져다 줄 새로운 생활가치를 만들어 나가도록 최선을 다하고자 함.

2. ESG 각 분야별 추진현황
E(환경분야)

1. 환경경영LG의 환경 비전인 '그린 웨이'에 따라 '그린 사업장 조성', '그린 사업 강화 ´, '그린 신제품 확대'를 3대 경영목표로 정의.'그린신기술 공정'에 대한 투자를 확대하고 온실가스 저배출 사업을 추진하며, 환경친화적인 정보통신기술을 개발하여 환경경영에 앞장.

2. 환경경영 추진 조직

이사회 산하 ESG 위원회에 임원급 실무위원회를 두고 안전/환경/보건 부문 조직을 운영하고 있습니다.ESG 실무위원회 안전/환경/보건 부문은 각 전담 팀으로부터 폐기물 재활용, 에너지 절감 및 온실가스 배출량 관리, 지속가능성 이니셔티브 대응 등의 다양한 경영 활동 성과를 보고받고 관리.

3. 친환경적인 수자원 관리

효율적이고 친환경적으로 수자원을 관리하기 위해 LG유플러스 용산 사옥에 지하수 재활용 시스템을 도입.지하수를 음용수 및 상수, 중수로 나눌 수 있는 재처리 시설을 마련하였고, 음용수는 수질 적합성 검사를 주기적으로 시행.

4. 폐기물의 적법 처리

2020년, 인허가 사업장을 대상으로 측정하는 폐기물 재활용률 목표를 95% 초과 달성. 엄격한 기준으로 폐기물 위탁 처리 업체를 선정하였으며 폐전선, 통신장비 등 사업장에서 발생하는 폐기물을 적법하고 친환경적인 방법으로 처리.

5. 기후변화 대응LG유플러스 평촌메가센터 IDC는 태양광 패널과 지열 히트 펌프 설비로 재생에너지를 만들어 활용하고 있으며,용산사옥에서도 옥상에 태양광 발전 시스템을 설치해 에너지를 절감하고 있DMA. 또한 도서 · 산간 지역을 중심으로 태양광 LTE 기지국을 구축하는 등 사업 전반에 걸쳐 재생에너지 도입과 확대를 위해 노력.

6. 국제 이니셔티브 참여

글로벌 지속가능경영 평가기관인 탄소공개프로젝트(CDP, Carbon Disclosure Project)에 가입하여 기후변화 대응 전략과 온실가스 배출량 감소를 위한 활동 및 결과를 매년 공개. 또한 통신 부문에서 최고 평가등급을 달성한 기업에 수여되는 섹터 아너스에 2014년부터 2020년까지 7년 연속 선정되어 탄소경영 우수 기업임을 증명.

S(사회분야)

1. 공정거래

대기업과 중소기업의 동반성장과 협력사의 경쟁력 강화를 위해 필요한 기술 및 자금을 지원하며, 긴밀한 소통으로 협력사의 목소리를 경청. 협력사는 새로운 기술을 익히고 역량을 강화하여 경쟁력 있는 서비스와 품질을 제공.

2. 공급망 ESG 관리

지속가능한 공급망을 구축하기 위해 계약을 맺는 모든 협력사를 대상으로 ESG를 투자. 또한, 협력사와 구매 계약을 할 때 표준 계약서를 사용하여 노동, 노사, 안전, 환경, 공정거래, 개인정보, 윤리, 인권 등 총 7대 영역에 대한 CSR 및 ESG 관련 행동 규범을 따르도록 요구.

3. 지역사회소외된 이웃 및 지역사회와 함께 살아가는 세상을 만들기 위해 '공유하는 생활', '자유롭고 편리한 생활', '안전한 생활', '그린 생활'의 4가지 핵심가치를 목표로 지역사회 구성원 모두에게 차별없는 사회를 만들고자 노력.

4. 10%가 자동기부되는 U+ 알뜰폰 요금제를 출시

매달 통신료의 10%가 대한적십자사에 자동 기부되는 희망풍차 기부요금제를 출시하여 고객 이름으로 전달됨으로써 코로나19로 인한 재난 구호 활동과 취약계층 지원사업에 쓰임.대구.경북 의료진에게 휴대폰 100대 지원하고 영세 소상공인을 위한 통신료 감면.

5. 안전 체험 교육장

대전 R&D 센터에 안전체험교육장을 개관하고, 업계 최초로 한국산업안전보건공단 인증을 획득하여 통신업 특성에 맞는 체험 시설과 이론 교육장을 갖춰 작업장에서 발생할 수 있는 다양한 안전사고와 위험 상황을 직접 체험하고 예방.

6. 안전한 전자파 관리

고객의 건강과 안전을 지키기 위해 노력합니다. 전자파법을 준수하고, 전자파 강도를 상시로 측정하고 관리하여 전세계 통용 기준으로 전자파의 강도가 41~61V/m 보다 낮을 때 부여되는 1등급의 비용이 99.9%를 차지.

G(지배구조)

1. 이사의 다양성과 독립성

급변하는 IT 산업 환경속에서 장기적 안목으로 종합적인 경영판단을 할 수 있도록 '경영회계', '투자 및 ESG', '데이터 및 지능정보시스템', '법률' 분야의전문가로 구성된 사외 이사를 구성. 특히 ESG 분야의 전문가인 신임 여성 사외이사를 선임함으로써, 이사회 및산하위원회의 다양성을 강화하는 계기를 마련.

2. 사외이사의 전문성 강화 및 지원

이사회 업무의 효율성과 전문성을 높이기 위해서 사외이사의 직무수행을 지원하는 조직을 두고 있으며, 회사가 추구하는 전문성과 관련한 연간 교육 계획을 수립하고 이를 실시. 'CFO 법무담당 준법지원팀'을 구성하여 이사회 및 이사회 내 위원회를 지원하고 COMPLIANCE 관련 업무를 담당.

3. 이사회 평가와 보상

사외이사 활동 평가를 내부적으로 실시하고 있으며, 평가의 공정성을 확보하기 위해 각 평가 항목에 대해 회의 참석률, 기여도, 독립성등의 내부기준을 마련하여 평가.

8. LG화학(홈페이지, 지속가능 보고서 참조)

1. ESG 지향점

추진배경 : LG화학은 2019년 지속가능성 비전과 전략을 수립하고 9대 핵심 영역을 선정하며 지속가능성 추진의 의지와 기반을 마련. 2020년에는 핵심 영역 중 5대 최우선과제를 중심으로 '탄소중립 성장(Carbon Neutral Growth)'을 포함한 중장기 목표를 대내외 선언하고 추진 가속화를 통해 국내 선구자 위상을 확보. 앞으로 LG화학은 다양한 이해관계자와 더욱 적극적으로 소통하고, 사업 경쟁력을 강화하기 위해 ESG 관점에서 우선적으로 관리해야 하는 중점 지표들을 선정하고 관리하고자 함.

2. ESG 각 분야별 추진현황
E(환경분야)

1. 온실가스 및 에너지

2019년까지 전기차 및 ESS 배터리 사업 포트폴리오를 통해 기후변화 리스크에 적극 대응하고 사업 기회를 발굴해 왔으며, 2020년에는 관련 사업 확장을 위해 LG에너지솔루션으로 분할. 이후에도 기후변화로 인해 발생하는 리스크에 대응하고 신사업 기회를창출하기 위해서 친환경 소재(재활용, Bio 등)와 전지 재료(양극재 등)를 중심으로 역량을 사업 포트폴리오를 재편하고 역량을 집중.

2. 제품 책임 및 유해화학물질 관리

환경안전부문 내 화학물질 정책팀을 중심으로 국내외 화학물질 관리 법규 및 정책 분석을 진행하고 이에 기반 하여 제품별 구성 성분 수집에 대한 프로세스를 확립. 특히, 유해화학물질은 내부 분류 기준에 기반하여 Level 1,2,3로 구분하고 금지 물질로 지정한 Level 1과 2은 원자재 조달 단계부터 엄격한 취급조건을 적용한 친환경 자재 검토를 실시해 관련 리스크를 최소화하고 있음.

3. 저탄소 제품 개발과 생산

LG화학은 현재 재활용(PCR, PostConsumer Recycled) 기반과 바이오 기반의 제품 개발및 생산을 통해 저탄소 제품군을 구축해 나가고 있음. 플라스틱 대표 제품 중 하나인 PC(Polycarbonate)의 경우,2009년부터 기계적 재활용(Mechanical Recycling)을 기반으로 한 PCR-PC 제품을 개발해왔으며 최근 글로벌IT 고객을 중심으로 판매량을 늘려 나가고 있음. 2025년까지 PCR 플라스틱 시장의 매출 1위를 목표로PCR 함량 증대를 위한 기술 개발과 안정적인 원재료 확보에 주력할 계획.

4. 화석원료에서 바이오 원료 대체

바이오 원료 분야는 화석 원료를 통한 제품 생산 자체를대체할 수 있어 탄소 감축에 효과적이며 원료화 되기전 생애주기 동안 탄소를 제거하기 때문에 탄소중립적인원료로 인정받고 있음. LG화학은 2020년 9월옥수수 성분을 활용한 바이오 함량 100%의 생분해성신소재 개발에 성공. 이러한 바이오 원료의 공급을 확대하기 위해 글로벌 최대 바이오 디젤 기업인 네스테(Neste)와2020년 11월 전략적 파트너십을 체결하고 제품 출시를 추진. 2021년 4월에는 국내 최초로 친환경Bio-balanced 제품(식물성 원료 기반 바이오 제품)으로ISCC PLUS 인증을 획득해 LG화학의 제품 가능성을 입증.

5. 재생에너지 전환을 추진하다

LG화학은 2050년까지 글로벌 모든 사업장에 사용되는모든 에너지를 재생에너지로 전환할 계획. 해외사업장은 2030년까지, 국내 사업장은 2050년까지 100%재생에너지로 전환하는 것(RE100, Renewable Energy100%)이 목표. 2021년 처음 시행된 국내재생에너지 제도인 '녹색 프리미엄제' 입찰에 참여해 연간120GWh 규모의 재생에너지를 확보. 이를 통해 여수 사업장의 일부 공장과 오산 테크센터의 RE100 전환을 달성했고, 전기차 배터리의 핵심 소재인 양극재를 생산하는청주 공장도 전력의 30%를 재생에너지로 조달. 국내뿐만 아니라 중국의 양극재 공장인 우시공장도 재생에너지 직접구매계약(PPA)을 통해 RE100을 달성.

6. 재사용/재활용 원료 확대

플라스틱 소재의 경우, 단기적으로는 기계적 재활용(Mechanical Recycling)을 적용한 원료를 확보하고 적용한 PCR(Post Consumer Recycled)제품을 생산/제공하며 과거 단순 폐기물로 취급되었던 폐플라스틱이 고부가가치 자원이 되는 선순환 체계에 대한 인식 개선. 중장기적으로는 화학적 재활용(Chemical Recycling) 기술을 통해 더욱 확고한 자원 선순환 체계를 구축하고 제품 경쟁력을 확보해 나가고자 합니다. 전지 소재의 경우, 전지 원재료(Metal)의 정/제련 기술을 보유한 업체와 파트너십을 통해 생산 체계를 구축하고 재활용 원료를 중장기적으로 도입하여 지속 가능한 공급망을 선제적으로 확립.

S(사회분야)

1. 작업자 및 공정 환경안전

 M-Project를 통해 최소한의 법적 규제를 따르는 것에서 나아가 선제적인 위험 관리 체계를 구축해 가장 안전한 사업장으로 거듭나고자 하며 관련 현황과 성과를 매월 경영회의를 통해

최고 경영진에게 보고함으로써 지속적인 개선과제를 도출. 특히 사고 지표 관련해서는 매년 20% 감소를 목표로 하고 있으며, 조직을 신설해 전문 인력을 신규 채용하고 환경안전 투자와 기술 지침을 제/개정하는 활동을 통해 환경 안전 역량을 강화.

2. 환경안전에 대한 확고한 철학

최근 3년간 5천억 원 이상의 투자금을 집행해 노후 설비를 보완하는 등 안전사고 예방. M-Project를 통해 '경영진 포함 임직원인식 조사', '사업장 구성원 대상 Real Voice 청취', 'CEO Speak Up Table' 등 구체적인 조사를 실시.

3. 공급망 지속가능성 평가 및 관리

협력회사의 개별 이슈가 LG화학의 공급망 전체 리스크로 퍼지지 않도록 선제적인 대응 체계를 구축. 또한 실시간 모니터링과 더불어, 사업본부 별 구매 정기 평가에 협력회사 CSR 평가 결과를 반영하여 협력회사의 지속가능성 관련 리스크와 관리역량을 일괄적으로 점검하고 개선점을 발굴하여 협력회사와의 동반성장을 이끌어내고자 함.

4. 자원선순환 생태계를 구축

2021년, 친환경 화장품 용기를 개발하는 소셜 벤처기업 '이너보틀(INNERBOTTLE)'과 MOU를 체결하고 에코 플랫폼을 구축. 이너보틀은 일반적으로 내용물과 복합 재질 플라스틱 때문에 재활용이 어렵던 화장품 용기를 재활용할 수 있도록 하는 혁신을 제시한 기업이며 이너보틀 제품의 소재를 만들고 폐기된 제품을 다시 수거해 LG화학에서 재활용 제품으로 만드는 협업을 진행.

5. 글로벌 공조

자원선순환과 관련한 글로벌 이니셔티브에 참여하는 것 역시 필수적이라 판단하고 배터리 공급망 내 순환경제 구축을 위해 2020년 9월 GBA(Global Battery Alliance)에 가입. 또한 플라스틱과 관련된 순환경제 구축을 위해서 EMF(Ellen McArthur Foundation), AEPW(Alliance to End Plastic Waste) 등 자원선순환과 관련된 이니셔티브 공식 참여를 2021년 안으로 완성하는 것을 목표로 추진.

6. 지역사회

"LG Chem Green Connector"라는 사회공헌 비전을 중심으로 Green Education/Green Ecology/Green Energy/Green Economy라는 4가지 전략 과제를 수립하여 지역사회 기여 및 사회공헌 활동을 전개. 전사 사회공헌 실적 및 성과의 경우 연례적으로 현황을 검토하며 기업 전략과 연계하여 장기적이고 일관된 사회공헌 활동을 추구하고자 함.

7. 인재 확보 및 유지를 위한 노력

업계 주요 경쟁사 위주의 현황 조사 방식에서 탈피해 사업 경쟁군과 인재 경쟁군으로 구분한 후 다방면에 걸쳐 조사를 진행했으며, 인식조사 역시 최대한 다양한 시각에서 여러 가지 생각과 의견들을 담기 위한 노력을 기울 임. 이를 통해 우수 인재의 확보와 유지, 구성원 만족도 제고, 고용브랜드 향상을 위한 의미 있는 시사점과 꾸준히 강화해야 할 강점 분야를 확인.

G(지배구조)

1. 이사회

독립성, 전문성, 다양성을 갖춘 이사회를 구성하는 것은 효율적이고 능동적인 지배구조를 갖추는데 필수 임. LG화학은 국내 유가증권시장 공시규정에 의거하여 지배구조와 관련된 일체의 정보를 LG화학 기업지배구조 보고서를 통해 보고.

2. 윤리, 반부패, 공정경쟁

경영 진단 제보조사를 정기적으로 수행하고 성과 및 관리 현황은 연 2회 감사위원회, 분기별 CEO 보고, 정기 회의인 법인 Staff 회의를 통해 정기적인 모니터링을 실시. 2012년부터 준법지원인을 선임하고 준법통제기준을 제정하여 운영. 준법통제기준의 경우 법적 위험의 크기, 발생 빈도 등을 유형화하는데 목적이 있으며 관련 유효성 평가를 연 1회 이사회에 보고. 하도급/대리점과 담합 등 공정거래는 정책지원 부문을 중심으로 연간 CP(Compliance Program)을 수립 및 실시하여 고 위험 영역을 선제적으로 점검하고 현업 부서 맞춤형으로 사전 예방활동 및 교육을 실시하고 있음.

3. 사이버 보안

2021년에는 정보보안 사규 개정, 보안정책 추진방향, Smart Work 활성화를 위한 보안정책 재검토를 통하여 고도화 함. 정보보안위원회와 별도로 CRO(Chief Risk Officer, 현재 CFO가 겸임) 주관의 전사 위기관리위원회가 신설되었으며, 위원회 산화 정보보안 분과위원회가 구성되어 보안/인프라 담당이 참여하고 있음.

5. 정부지원 사업 ESG 사례 (2)

KOSI(중소벤처기업연구원)에서 최근 분석한 자료에 의하면 "중소기업은 ESG에 대한 인식과 대비가 미비한 상황에서 손실 리스크에 직면하게 되었다"고 판단하고 있다. 거세게 불어 닥친 ESG열풍을 아무도 피해갈 수는 없는 것이다. 그러기 때문에 이를 극복해야 하는 것이다.

9. 현대제철(지속가능보고서, 홈페이지 참조)

1. ESG 지향점

현대제철은 철근, 형강, 열연, 냉연, 후판, 특수강, 자동차 부품 등 세계 최고의 제품 포트폴리오를 갖춘 글로벌 철강기업으로 발전했으며, 고로에서 전기로로 이어지는 자원 순환형 모델을 완성함으로써 고객, 사회와 함께 더 큰 가치를 만들어 가고 있음. 앞으로도 현대제철은 끊임없는 연구개발을 통해 철의 새로운 가능성과 가치를 창조하고 산업의 고도화를 이끌어가며 지속가능한 기업 가치를 창출해 나가고자 함.

2. E,S,G 각 분야별 추진현황
E(환경분야)

1. 소결로 배가스 처리장치 설치

전 세계가 친환경을 필두로 기후변화 대응에 박차를 가하는 가운데 2019년부터 1소결로 와 2소결로에 2020년 3소결로 에도 SGTS를 설치함으로써 당진제철소에서 가동 중인 3기의 소결로에 대기오염물질 저감 장치 설치를 완료. 이를 통해 소결로의 대기오염 물질배출량은 기존대비50% 이상 저감돼 배출허용기준대비30% 미만의 안정적인 수준을 유지.

2. 환경오염 물질배출 저감

생산 공정에서 발생하는 환경영향을 최소화 할 수 있도록 경영활동을 전개하고 있음. 환경오염 물질 저감을 위해 당진제철소 내 대기오염 물질 저감 장치3기를 모두 설치완료 했으며, 대기오염 물질배출량을 목표치를 초과하여 2016년 대비65%이상 절감.

3. 목표산업 재해 빈도율Zero (2025년까지 달성)

2019년부터 지역 사회 간 투명한 정보공유 및 교류를 위한 환경개선협의회를 신설해 운영. 협의회는 현대제철 및 유관기관 담당자 총17명으로 구성돼있으며, TMS, 특정유해 물질 농도, 대기 오염 물질배출량 등 제철소 환경관리 현황과 대기오염 물질저감 및 고로브리더 추진 현황 등 제철소 및 지역 환경 현안에 대해 논의. 또한 2020년2월부터 제철소 주변도로에 미세먼지 저감 전용청소차(살수차 및 노면 청소차 각1대)를 운영.

4. 공급망 온실가스 감축지원

공급망 전체에 대한 환경 리스크 관리가 중요하다는 판단아래 2014년부터 협력사사업장에'고효율에너지절감설비'를 무상지원. 현대제철이 지원한 태양광발전설비로 정한정밀·삼우에코·우림기계 등 협력사3곳은 연간1,000만원의 전력비용을 절감. 이는 온실가스 감축 효과로 이어져, 협력사들은 앞으로 약790톤의 온실가스를 감축 할 수 있을 것으로 예상. 또한 해당감축량은 외부사업등록을 통해 현대제철배출권으로 전환돼 당사는 약2,700만원의 배출권 구매 비용을 절감 할 수 있음.

5. 한국형 무공해차 전환100(K-EV100) 참여

현재 현대제철은 총342대(보유11대,임차331대)의 차량을 보유중 이며 그중 전기차는 2대이며. 2021년 추가적으로 수소차 10대를 도입하고자 함. 따라서 무공해 차전환비용을 지원받아 비용부담은 물론, 온실가스 및 배출권비용도 줄일 수 있을 것으로 예상.

6. 당진시와 기후위기극복위한협약체결

당진시와 함께 제철소 온실가스저감 및 환경개선을 위해 상호협력을 다짐하는 협약을 체결.협약에는 온실가스 저감을 위한 폐열회수, 연료절감, 에너지효율 향상에 대한 내용과 환경개선을 위한 오염물질 처리설비설치, 방지시설개선, 부산물의 관내 재활용 및 자가 처리 확대를 통한 환경부하저감 등의 내용이 포함. 이를 통해 연간 약50만 톤 이상의 온실가스 감축효과를 얻을 수 있을 것으로 예상

S(사회분야)

1. 커피박 재자원화 프로젝트

커피박은 커피를 만들고 남은부산물을 뜻하는 말로 현대제철은 버려진 고철을재 사용하는 자원 순환형 사업구조를 본 프로젝트에 적용. 2018년부터 현대제철은 정부·지자체·NGO 등 유관기관과 협력해 인천시에서 발생하는 커피박을 수거하고 이를 화분, 벽돌, 도로포장재 등 친환경혁신제품으로 업사이클링 하며 지역 사회의 폐기물 감소는 물론 취약계층 일자리창출에도 이바지.

2. 전사 임직원 순환근무 제도 개선 및 운영

조직·직무 경험확장과 조직간 사일로(Silo)현상을 개선하기 위해 임직원 순환근무제도를 개편해 전 본부를 대상으로 시행. 먼저 순환근무 필수 시행비율을 확대하고 보직임면, 승진·승급관련 순환근무인센티브를 강화했습니다. 또한 직무에 따라 본부 내 전문성 심화 혹은 본부 간 경험다양화 측면을 고려, 순환근무 방향성을 수립하고, 이를 차등 적용.

3. 비대면 온라인 실시간 재택교육 '홈런(HomeLearn)'

홈런은 비대면 화상회의 솔루션을 기반으로 한 온라인 실시간재택 교육으로 질병으로 부터안전과 집합 교육의 학습효과를 보장. 2020년에는3,012명의 임직원이 집합교육을 대체해'홈런'을수강했으며,그결과현대제철은집합교육시발생하는간접교육비(숙식비,교통비외)를 연간

1.5억 원 절감. 아울러 교육장으로의 이동시간이 사라짐에 따라 전사임직원은 8천 시간 가량의 근무시간을 확보

4. IDP(Individual-Development-Plan) 제도 운영

2019년부터 임직원들의 경력개발과 성장을 체계적으로 지원하기 위해 IDP제도를 운영하며 교육의 양적·질적 확대를 추구. 본 제도를 통해 전 직원은 본인의 업무와 역할에 맞게 교육 및 성장계획을 수립. 또한 팀장은 적극적인 지원과 피드백을 통해 직원육성을 활성화하며, 전 과정을 정량적 데이터로 관리.

5. 안전문화 수준 진단

2020년 자체적으로 안전문화 수준을 평가하기 위해 '현대제철 안전보건시스템 진단프로그램(HSRS)'을 개발하고 평가를 위한 전문가를 양성. 또한 진단결과를 통해 현대제철의 안전관리 수준을 파악하고 조직별로 안전미비점을 찾아 맞춤형 안전컨설팅을 시행

6. 위험개선 활동

안전한 제철소를 만들기 위해 전 사업장은 물론협력사도 위험개선활동(CriticalTop5)을 시행. 이를 위해 올해 초 ,실·사업부등 각 조직은 사업장설비 및 작업현장을 대상으로 564개의 개선항목을 선정하고 이에 대한 종합개선 대책을 마련.

7. 공급망 ESG 평가

지속가능한 공급망 관리를 위해 2020년 총350개의 협력사를 대상으로 잠재적 리스크를 점검하고자 노동·인권14개, 윤리9개, 안전10개, 환경10개 등 총4개 분야 43개 항목으로 공급망 ESG평가를 실시. 이중 하위5%를 고위험공급업체로 분류해 해당업체를 대상으로 현장실

사를 진행. 이에 따라 실사를 진행한 20개업체중 19개사가 개선계획을 제출했으며,19개 업체 모두 해당 리스크를 100%개선.

8. 사회공헌 (희망의집수리)

2011년부터 진행해온 '희망의집수리'는 저소득가구 및 복지시설 건물의 비효율적인 요인을 개선해 에너지효율성을 높이는 사업. 이를 통해 에너지 비용절감 및 CO2감축효과, 자활 및사회적 기업 고용창출이라는 사회적 효과를 동시에 얻고 있음.

9. 필리핀자립지원모델구축사업

2017년부터 필리핀에서 빈곤율이 높은 지역 중 한곳인 북사마르 주에 청년과 여성을 위한 직업훈련센터를 건축하고 직업훈련교육을 진행. 해당사업에는 21~30세의 청년 및 여성 550명이 참여 했으며 그중37명이 취업에 성공.

G(지배구조)분야

1. ESG채권 발행

현대제철은 친환경경영의 일환으로 발행한 ESG 녹색채권 회사채발행 규모 확대를 검토. 2021년1월, 총2,500억 원 규모의 녹색채권 발행에 대한 기관투자자의 수요를 예측한 결과, 예정 금액을 8배나 초과한 총2조700억 원이 몰림. 이번 채권발행을 위한 ESG 인증은 평가기준 가운데 최고인GB1(E1/M1)등급3)을 받았음.

2. 이사회 구성

이사회는 총9명의 이사진으로 구성되며 이사회의 독립성 강화를 위해 사외이사비율을 전체이사의60%이상(사내이사4명,사외이사5명)로 유지. 또한 의사결정 전문성확보 및 효율적 운영을 위해 이사회 내에 4개의전문위원회(감사위원회·투명경영위원회·사외이사후보추천위원회·보수위원회)를 별도로 설치하고, 해당전문위원회의 사외이사 비중을 과 반수 이상으로 구성해 이사회의 경영감독 기능을 강화.

3. 투명경영위원회

투명경영위원회는 내부거래의 투명성 및 윤리경영추진, 주주권익보호 등에 대한 검토를 목적으로 윤리적 기업문화형성과 투명경영 실현을 위해 사외이사 5인으로 구성. 2020년에는 총7회의 투명경영위원회를 개최해 사회공헌활동, 공정거래 자율준수 프로그램, 준법지원인 활동, 대규모 내부거래 승인 등의 안건을 심의. 또한 위원 중1인을 주주권익 보호담당위원으로 선임해 국내 외 주주들과 소통을 확대하고 주주권익 보호개선정책을 지속하고 발굴 함.

10. SK(주)(지속가능보고서, 홈페이지 참조)

1. ESG 지향점

SK주식회사는 에너지·화학, 정보통신·소재, 물류·서비스 등 다양한 사업 분야에서 글로벌 경쟁력 갖춘 관계사들을 보유하고 있음. 또한 장기적 관점의 투자 전략을 수립하여 관계사 포트폴리오의 경쟁력을 높이는 한편, 재무 안정성에 바탕을 둔 내실 있는 경영으로 안정적 성장 기반을 만들어 주주가치를 제고하기 위해 전 임직원이 합심해 노력하고 있음. ESG 기반 높은 성장성을 보이는 바이오, 소재, 수소 등 영역에서의 장기적이고 지속적인 투자를 통해 Global 경쟁력을 확보하기 위한 노력을 하고. 이를 통해 고객, 구성원, 주주에 대한 가치를 창출함으로써 사회·경제 발전에 기여하고 행복추구에 적극적으로 기여하고자 함.

2. E,S,G 각 분야별 추진현황

E(환경) 분야

1. 국제 이니셔티브 참여와 전력 절감

국제사회가 요구하는 기후변화 대응에 동참하기 위해 RE100 Initiative 멤버십 가입 (2020.12), RE100 2040 및 Net Zero 2040 목표를 수립. 또한 에너지 잘감 방안으로 글로벌 최고 수준의 전력 효율을 갖춘 데이터센터 운영을 위한 추가적인 투자와 노력을 통해 매년 전력 수요량 3.5% 이상의 절감을 목표.

2. 자원순환 대응 및 친환경 비즈니스 확대

자원순환 관리 대상인 폐기물 및 용수의 자원순환 확대와 환경오염 최소화를 위해 ZWTL의 국제기준을 적용, 관리수준 및 관리목표를 상향하고 폐기물 매립량 절감을 위해 기존 관리대상인 1차 수거업체뿐 아니라 2·3차 소각 및 매립까지 추적관리 실행.

3. 환경 관련 기술 투자(청록수소)

2020년 6월 세계 최초로 청록수소 양산 공장을 완공하는 등 세계에서 유일하게 상업화 단계의 청록수소 공정 기술을 보유(청록수소는 천연가스를 고온 반응기에 주입해 수소와 고체탄소로 분해할 때 생산되는 수소로, 생산 과정에서 이산화탄소가 발생하지 않아 '블루수소', 그린수소'와 함께 친환경 청정 수소로 분류)

4. 친환경 플라스틱 사업 투자

라이멕스 소재 활용 시 기존 플라스틱 소재인 폴리에틸렌(PE), 폴리프로필렌(PP) 사용량 50%를 절감 할 수 있고, 목재 펄프를 사용하지 않아도 되는 종이 대체품의 경우 제조 시에 물

사용량을 약 98% 절감 가능(TBM사는 석회석 등의 무기물이 50% 이상 포함된 복합 소재 라이멕스(LIMEX)를 개발·판매·제조)

S(사회)분야

1. 안전보건경영시스템 구축 및 인증 획득

전사 안전보건 현황진단 결과 안전보건 관리체계와 제반 프로세스 수립 필요성 도출에 따른 안전보건 경영시스템 구축 및 ISO45001 인증 획득

2. 안전보건사고 공유체계

2020년 5월, 안전보건사고 기준에 '중대 물적 손실' 사고를 추가하여 당사 혹은 고객에게 중대한 영향이 예상되는 물적 손실이 발생할 경우 반드시 주관조직에 보고함으로써 비상대응 관리 수준을 고도화 하도록 조치

3. Work & Life Balance 문화 조성/확산 시행

WLB 3대 중점 영역을 설정하여 첫째,구성원 가족에 대한 Care 강화,둘째,구성원 자기주도 근무환경 강화, 셋째 정년퇴직 이후 안정적 생활 지원 확대로 세분화 하여 구체화 시킴.

4. 인권 경영체계 고도화

세계인권선언 및 UN 인권위원회의 '기업과 인권에 대한 지침에서 제시하는 인권에 대한 보편적 원칙을 지지·준수하고, 아동노동·강제노동금지, 보건, 안전, 근무시간 등과 관련하여 국제노동기구(ILO)가 권고하고 국가가 비준한 모든 노동원칙 및 법령을 준수하고자 2021년 인권경영 실행력을 제고하기 위한 추진전략 및 중장기 로드맵을 수립.

5. 서비스 제공 안정성 강화

비즈니스 Impact를 최소화하여 서비스의 질과 가용성 수준을 가능한

최대로 유지하도록 '장애관리 지침' 및 'SHE 사고공유 체계' 등 Process

주기적 현행화. 월 1회 숯 운영사업 조직의 COO 및 CTO 참여 하에 주요 장애 원인별 재발방

지대책 및 내재화 논의를 통한 관리 책임 강화

6. 동반성장 및 공급망

국내외 약 1,480여개의 협력회사를 통해 하드웨어·소프트웨어 및 PC·전산 소모품 등의 상품

과 시스템 개발, 유지보수, 컨설팅 등 외주인력 비용을 구매,

해외사업 수행 시 현지 구매정책을 통해 생산지역 발전 및 사회공헌에 기여

7. 참여 기반의 사회공헌 실행

지역 및 시민 사회와 소통을 기반으로'지역사회와 함께 성장,장애인 자립/성장 지원'사회적

가치 확산'3가지 사회공헌 방향을 수립하여 참여 기반의 사회공헌 실행을 통해 사회문제 해

소 및 사회적 가치 극대화.

G(지배구조)

1. 지배구조 선진화

2020년 3개에서 2021년 4월 현재 4개의 이사회 산하 위원회를 운영하고, 독립적 위원회 운

영을 위해 대부분 사외이사로 구성. 2021년부터는 이사회 내 ESG 논의 및 경영 투명성 강화

를 위해 ESG위원회, 인사위원회신설 등 지배구조 정비.

2. 윤리경영 및 반부패 감시

윤리경영을 담당하는 독립적인 조직으로 CEO 직속 행복추진센터 내 윤리경영팀을 조직화 하고 이사회 산하 감사위원회가 주기적 경영검토를 통해 활동 전반에 대한 감독/책임을 수행 중.

5. 정부지원 사업 ESG 사례 (2)

KOSI(중소벤처기업연구원)에서 최근 분석한 자료에 의하면 "중소기업은 ESG에 대한 인식과 대비가 미비한 상황에서 손실 리스크에 직면하게 되었다"고 판단하고 있다. 거세게 불어 닥친 ESG열풍을 아무도 피해갈 수는 없는 것이다. 그러기 때문에 이를 극복해야 하는 것이다. 특히 수출 중소기업의 경우 글로벌 기업이 납품 기업에 대한 ESG 성과 요구 수준을 강화하면서 납품 배제, 거래 중단 등의 위험에 처하게 되었으며, 국내 B2B 중소기업도 대기업의 협력사를 포괄하는 공급망 전반의 ESG 위험 관리 움직임에 따라 이에 대응하지 않을 수 없는 상황이다.

 중소기업이 선제적으로 대응한다면 글로벌 공급망에서 큰 부분을 차지하는 중국 기업의 자리를 대체할 수 있는 기회요인으로 보인다.

KOSME(중소벤처기업진흥공단)이 2021년 중소기업 300곳을 대상으로 ESG 대응 동향'을 조사한 결과를 보면, 응답기업 가운데 58%가 ESG 경영 준비가 필요하다'고 밝혔다. 반면 응답 중소기업 4곳 가운데 3곳(74.3%)은 ESG 대응 준비 계획이 없다' 내지 '차차 준비할 계획이다'라고 밝히는 등 아직 ESG경영 준비가 안 돼 있다고 털어놨다.

특히 중소기업들은 ESG경영 중 환경(47.7%), 사회(32.8%), 지배구조(15.1%) 순으로 준비가 어렵다고 밝혔다. ESG 경영 도입·실천 시 예상되는 어려움으로는 비용 부담 증가(37.0%), 전문 인력 부족(22.7%), 가이드라인 부재(16.3%), 도입 필요성에 대한 확신 부족(10.0%) 등을 꼽았다. 이러한 현실을 감안해 볼 때 ESG 경영에 대한 이해를 높이고 정보를 다양하게 접하고 순차적으로 절실히 필요한 부분은 선택과 집중하였으면 한다. 그러한 전제하에 과연 "우리기업은 ESG를 어느 부분에서 실행하고 있나?"를 알게 되었으면 한다. 지금부터 소개하는 기업은 통상적인 제조업에서 수행하는 업무 및 일상의 기업운영이 ESG경영과 어떻게 연관되어 있는지를 이해하는데 도움이 될 것으로 본다.

(1) S(사회) 관련 사례

4차 산업 시대에 기업은 기술적, 사회적 체계의 변화 속에서 새로운 기술의 도입을 통한 혁신이 필요하다. 이 과정에서 간과되는 것이 노동의 역할이나 기여 그리고 노동의 의미가 소외될 가능성이 있다. 하지만 노동력의 배제는 완전한 혁신이 이루어 질수 없다는 것이 선진국에서선 경험한 사례를 볼 수가 있다.

그중에서 북유럽의 스칸디나비아 국가들은 작업장에서 근로자의 발언권은 물론 자신의 작업장 환경에 영향을 미칠 수 있는 기회를 다양한 방법으로 제공한다. 이는 작업장 혁신은 역시 작업자가 가장 잘 이해 한다는 합리적 취지에서 이를 공식화 한 것이다. 또한 각종 위원회를 설립하여 노동조합과 함께 근로자 대표 제도를 통한 합법적인 참여를 보장하기도 한다. 이들 국가들 중 노르웨이는 정부의 혁신 백서에서 기업의 혁신을 위한 근로자의 참여를 중요한 측정수단으로 제시하였고 노총 역시 EDI(employ driven innovation:근로자주도 혁신) 촉진에 주도적으로 역할을 하고 있다.

이러한 결과로 근로자들의 참여기회를 통해 직무만족과 효율적인 생산 기반을 제공하여 생산성을 향상시키고, 높은 수준의 사회적 합의 형성으로 갈등해결수단을 제공하고 긍극적으로 사회의 민주화에 기여하는 기회가 되고 있다.

(2) 일터혁신 컨설팅의 9가지 주제

기업의 지속 성장을 위해서는 근로자들의 잠재성을 최대화하는 방식이 필요하며 인적자원을 최적으로 활용할 수 있는 방식을 기업에서는 찾아야 한다.

.시간선택제 및 장년 적합직무 개발 컨설팅,

.교대제 개편 등 근무시스템 개선,

.임금보전방안 등 이행방안,

.일하는 방식 개선을 통한 생산성 향상 지원과, 인적자원관리

.직무중심 임금평가시스템,

.노사파트너십 체계 구축,

.비정규직 관련 차별개선

.작업조직 운영,

.평생교육훈련체계 구축을 지원

(3) 일터혁신에 ESG가 반영되어야하는 이유

ESG에서 요구하는 노사,고용,불평등해소,성차별,중장년지원 등의 S(사회분야)의 대부분을 중소기업에 지원하고 있다.

현재 대한민국에서 중소기업의 경영 컨설팅은 정부 주도로 대부분 무료로 지원되고 있다. 다만 경영컨설팅이 기업의 인사주도로 진행된는 측면이 있다면, 일터혁신 컨설팅은 노사파트너십에 기반하는 지원하는 사업으로 컨설팅 시 반드시 노사참여 및 합의를 통해 이슈를 해결하고자 하고 있다. 현재 ESG는 여러 기관에서 제언 및 컨설팅을 통하여 지표를 제시하고 평가를 지원하고 있다. 그러나 중소기업에서는 예산, 인력 부족 그리고 정확한 ESG 개념을 이해

하지 못하고 있는 현실이다. 특히 중소기업에서 주로 필요한 요소는 환경분야(E) ,G(지배구조)가 아니라 사회분야(S)에 대한 개선에 어려움을 겪고 있다. 따라서 현재 진행 중인 일터혁신 컨설팅을 수행했던 기업의 성과를 공유한다면 이러한 어려움을 해결할 수 있는 기회가 될 것으로 판단된다.

노사관계	고용관련	고용환경	복지관련	인권관련	기타
상생의노사 신뢰구축 (노사역량 강화지원)	인적자원 개발	작업조직 / 환경개선 (참여,혁신, 3정5S)	사회공헌 (CSR,CSV, SV)	차별 / 불평등해소	동반성장 (원,하청)
자율적노사 관계구축	평생학습 구축	스마트공장 도입 시스템구축	지역사회연계	기회균등	장애인 고용
참여적노사협의 회 지원	임,직원 역량개발	숙련개발	사내환경개선	다양성	소비자보호
노동자 참여환 경조성	안정적 일자리	장시간 근로개선	근로자건강권 확보		제품/서비스
노사경영전략 공유	고용문화개선	장년고용안정체 계구축			정보보완
	임금체계구축(직 무,능력,역할)	비정규직차별 개선			고객관리
	공정한평가체계 구축 (승진,고용,배치 전환)	차별없는일터 구축			지역사회공헌
	안정적 일자리	고용문화개선 (WLB)			
		안전일터구축 (안전,보건개선)			

(4) 사례로 본 일터혁신 ESG

사례 1 : OO기업(제조기계류 및 금형제작)

업종 : 제조업, 소재지 : 광주광역시 북구 첨단연신로29번길 26

업종 : 타이어 제조기계류 및 금형 제작, 근로자 : 542명

OO기업은 타이어 몰드 분야에서 세계적으로도 인정받는 기술력을 보유한 기업이다. 현재 생산량의 80%이상을 전 세계 40여 개 국으로 수출하고 있다. 현재 후발 주자들의 저가 공세 등의 영향으로 매출이 하락하고 있다 보니 그 동안 아웃소싱 업무를 인소싱으로 즉 직영체제로 전환하면서 운영방식과 의사전달 체계 등에 대한 개선을 통하여 생산성 향상이 더욱 절실해지는 상황에 처했다. 여기에 생산기능직의 직영 전환으로 상호 이질적인 집단을 일시 통합함으로 부서 간 소통과 의사전달체계의 미흡함 등이 원인으로 나타났다. 따라서 기업 입장에서 이러한 내부 문제의 변화가 필요했으며 기본적으로 임금형평성을 고려한 인사노무제도 개선과 노사간 협력적 관계 개선을 위한 컨설팅을 우선적으로 시행했다.

현장 작업환경개선

직영체제 전환에 따른 인력활용에 대한 작업조직 및 작업환경을 효율적으로 수용하고자 제안제도 등의 혁신활동 프로그램을 도입하였다. 다만 전반적인 숙련체제가 구축되어 있지 않아 이를 개선할 필요성에 대한 컨설팅 진단 결과를 도출하였다.

현장에서 품질관리가 체계적으로 이뤄지지 않고 미흡하게 일을 수행함으로써 장시간근로의 원인으로 작용했다. 여기에 일부 공정라인의 작업환경 개선 역시 필요함으로 나타났다.

이러한 문제점을 개선하고자 우선적으로 의식변화를 위한 행동으로 실천개선팀을 조직하였고 "목표달성 가능성 향상""개선활동과 평가체계의 연계""실행의 용이성""자율성 보장""보상

과의 연계" 등을 목표를 부여했다.

이러한 목표에 대한 성과를 토대로 현장의 변화와 개혁과제가 이뤄진다면 00기업은 ESG관련 "S"(사회가치실현)에서 가시적인 성과가 도출될 것이다.

ESG키워드 : 고용환경 개선(직고용체제),장시간근로개선, 작업환경, 작업조직개선, 현장개선활동, 노사간 협력적 관계 구축, 조직문화구축, 평생학습체제 구축,품질혁신으로 생산성 향상.

사례2 : (주)00기업

업종 : 제조업

소재지 : 전남 광양시 제철로 2148-97

근로자 : 76명

00기업은 포스코 광양사업소에서 발생하는 슬래그(부산물)을 운송하는 기업이며, 광양의 50여개 협력사 중에서도 핵심 협력사로 손꼽히고 있다. 특히 운송장비는 한 대당 15억 원에 이르기 때문에 정비는 기업에서 가장 중요하며, 체계적인 현장관리 시스템 및 운송과정에서 발생 할수 있는 안전문제 등은 기업의 운영에 있어서 핵심 이슈이다.

이러한 고가의 운송장비 임에도 불구하고 그동안 운송장비 점검은 교대 근로자의 개개인의 노하우에 의존하는 등 장비 점검을 하는데 있어서 각각의 점검 방법이 적용되었다. 따라서 운송장비 점검이 개개인의 육감이나 능력이 아니라 체계적인 항목별 방법을 가지는 매뉴얼 작업을 통하여 체계적이고 정확한 점검은 물론 향후 새로 입사하는 직원 교육 자료로도 활용할 필요성이 있었다.

이러한 문제점을 잘 파악하여 외부의 자문으로 이러한 문제를 해결하였고, 현장 작업환경 및 작업개선의 효과로 인하여 점검에 소요되는 시간이 절약되고 자재비와 수리비가 매월 10%이상 개선됨은 물론 운송 생산량 향상에도 기여하게 되었다.

ESG 키워드 : 작업환경 및 작업조직 개선, 현장개선활동, 조직문화 구축, 세대간 현장 경력 경험 전수.

사례3 : (주)00기업-

업종/주요제품 : 제조업 / 건설 및 채광용 기계장비

지역 : 경기도 평택시,근로자수:200명

00기업은 건설 및 채광용 기계장비 부품을 생산하여 미국,일본, 국내 기업 등 세계 건설 중장비 기업과 전략적 제휴 및 장기공급 계약 체결을 통하여 부품을 생산 공급하고 있으며, 국내의 생산 공장 및 미국, 중국, 일본에 해외법인 및 공장을 설립하여 운영하고 있다.

특히 세계적으로 매출이 높은 건설 중장비 업체와는 지속적인 파트너십 관계를 유지하면서 기술혁신으로 안정적인 사업 기반 속에 성장을 이뤄내고 있다.

이러한 기술력과 영업능력 그리고 세계적으로 인정 받는 00기업은 기업의 성과와 안정은 노사관계속에서 상생과 협력적 관계성의 중요성을 인식하고 이를 실천하였으며 그동안 노사문화 우수기업을 4차례나 인증 받은 기업이다.

00기업은 4차 산업과, 코로나 19 시대를 맞이하여 외부 환경에 능동적으로 대처하고 근로자들의 삶의 질과 지속가능 성장을 위한 근로자들의 학습능력을 높이기 위해 근로자들의 학습능력 강화를 위한 평생학습체제 구축을 지속적으로 추진하였다.

또한 사무직 근로자들의 연장근무 최소화 및 현장직 근로자들의 야간근로 최소화 방안을 마련하고 임금 보전을 위한 인센티브 제도 방안도 강구함으로써 긍극적으로 고용문화 개선을 위한 WLB(일,가정균형여가활용) 정책에도 적극적으로 이행하였다.

특히 이러한 제도 도입에는 노사간 협력적 관계 구축으로 WIN-WIN 전략이 되어 긍극적으로 기업의 성장과 이에 따른 보상과 연계되는 결실을 보이는 효과가 나타났다.

ESG 키워드 : 근로자 삶의질 향상(WLB), 노사상생실천, 평생학습체제 구축, 생산성 향상

사례4 : 00기업

00기업은 신약 원료를 주로 생산하는 제약 바이오 기업이다. 제품의 80%가 외국에 팔리는 수출효자 회사이다. 우수한 연구 인력과 GMO를 갖춘 시설 및 품질 시스템을 기반으로 전문 원료의약품 회사로 성장했다. 최근 코로나19로 인한 세계 경제 여건 악화에도 지속적인 성장을 이뤘다. 2019년 매출액에 비해 코로나 시기였던 2020년이 매출이 증가하는 성과를 이뤄냈다.

하지만 00기업은 2017년 지속적인 성장가도에 제동이 걸렸다. 이 기업에서 생산하는 제품의 매출이 급감해서였다. 하지만 이러한 위기를 슬기롭게 극복한 것은 노동조합과 힘을 합쳐 어려움을 헤쳐 나갔기 때문이라고 경영진은 판단하고 있다. 즉, 이러한 위기 극복의 원동력으로는 노사의 이해와 배려 그리고 소통이 자리 잡고 있었다고 보고 있다.

00기업의 성장 저력의 배경에는 "일하고 싶은 일터"라는 환경을 만들기 위해 불합리한 인사 제도의 개선, 안전을 위한 장비 및 설비 구조 개선, 안전 위협요소 사전 예방 등으로 기업의 작업 환경을 지속적으로 개선하여 성과를 이뤘다.

ESG 키워드 : 노사상생,승진제도 공정성, 노사의 경영참여,근로장복지(연수원 하계휴양시설 제공,식당리모델링),남,녀 평등, 근로자가족 인성 및 학습능력프로그램운영, 사내근로자복지 기금운영, 장애인(희귀질환)자녀 학자금지원, 안전일터조성, 작업환경개선

사례5 : 00기업

소재지 : 충남 당진시 합덕읍 인더스파크로 70, 직원수: 364,

업종 : 리튬일차전지

00기업은 리튬 1차 전지를 생산하고 판매하는 제조 기업이다.

1987년 설립이후 R&D분야에 꾸준히 투자를 한 결과 소재부품장비 강소기업100에 선정되었다. 2017년에는 화재로 인하여 생산시설과 연구시설의 95%가 손실되는 결정적 위기도 있었다. 하지만 노사는 위기를 극복하기 위해 고통 분담을 했으며, 현재 매출액 1,500억을 앞두고 있는 중견기업이다.

00기업의 지속적인 성장의 배경에는 근로자들이 안정적인 일자리라는 인식을 심어 주었으며, 사회적 약자를 위한 노동정책의 실천을 위해 장애인 고용률을 100%로 준수하는 등 00기업이 "행복한 일터"로 나아가는 다양한 노력을 기울이고 있다.

특히 지속적인 성장을 위해 직군별, 직책별, 직무별 교육을 실시하고 있으며 투자 규모 역시 매년 증가하고 있다. 더구나 제품의 품질, 생산성 및 업무능률 향상, 환경 개선에 많은 관심을 갖고 이를 체계적으로 추진하고 있다.

ESG키워드 : 노사협의회를 통한 일터개선, 고용안정, 장애인채용, 평생학습체제 구축, 동반성장 구축(원-하청 상생협력),지역주민 의견수렴채널구축, 작업조직, 작업환경 개선

사례6 : 00공기업

소재지 : 광주광역시 서구 상무대로 760, 직원수 : 909명

업종 : 도시철도

00공기업은 지역 150만 출퇴근길을 안전하게 책임지는 지역의 대표 공공기관이다. 2008년 1호선 개통식을 가졌고, 현재까지 호남지역의 최초 도시철도다. 그러다 보니 지역에서 큰 상징을 가지고 있다. 더구나 00공기업은 창립이후 지금까지 노사파트너십을 통하여 분규가 없는 유일한 공기업 이었다. 그렇다고 노사가 늘상 화기애애하기만 했던 건 아니다. 2004년 노동시간 단축관련, 2011 년 근로시간 면제제도를 둘러싼 갈등, 2013년 통상임금 소송관련 갈등, 2015-16년 임금 피크제 및 성과연봉제 도입관련 갈등 등 노사 간 이슈가 꾸준히 제기됐다. 그렇지만 노사의 사회적 책임이 라는 큰 틀거리에서 '시민을 위한 기관' 이라는 공동의 목표하에 어려운 여건 속에서도 상생의 길 을 만들어 냈다.

특히 00공기업은 노사간 협력적 관계 유지를 위한 구체적인 대안을 준비하기도 했다. 즉, 직능별 노사분과 위원회를 통하여 직무별 애로사항을 청취하였고, 산업안전위원회를 운영하면서 현장의 작업환경 개선을 위해 노력하였으며, 노사 대표자 핫라인을 통하여 문제점에 대한 대안을 직접 해 결하는 방안을 찾았다. 또한 정기적으로 경영설명회, CEO 타운홀 미팅 등을 소통체계를 마련하는 노력을 지속적으로 하였다.

노동자들의 고용형태를 안정적으로 하기 위하여 2017년 비정규직 전원을 정규직으로 전환하여 일자리 창출을 주도하였으며, 임직원들이 자유롭게 창의적 제안활동 및 분임 연구제도를 통하여 일 터의 변화에 능동적으로 대처하고 대안에 대하여 적극적으로 수용해 개선하도록 했다. 그러다 보니 2019년 34건, 2020년 53건의 기술개발에 대한 제안이 자율적인 연구로 이어졌고 이중 3건은 국 가기술 특허로 인정받기도 했다.

ESG키워드 : 노사상생, 비정규직 처우개선, 현장작업환경개선, 창의적 제안활동, 근무환경개선(3 조2교대 –4조2교대), 평생학습체제 구축, 자율적 일터 개선 지원.

사례7 : 00환경공단

업종 : 방사성폐기물, 소재지 : 경북 경주시 충효천길19, 직원수 : 412명

00환경공단은 원자력발전소, 병원 등에서 나오는 방사성폐기물을 운방, 저장, 처리하는 준정부기관이다. 방사성폐기물은 원자로의 연로로 사용된 핵연료를 비롯해 원자력 발전소 내 방사선 관리구역 혹은 CT촬영, 항암치료 등 병원에서 작업자들이 사용했던, 장갑, 작업복 등을 말한다. 방사성 폐기물이 주는 부정적 인식 때문에 1986년부터 시작된 부지 확보는 지역주민들의 강력한 반대에 부딪혀 2006년에 이르러서야 지금의 위치로 최종 확정될 수 있었다. 그만큼 방사능에 대한 지역 주민들의 두려움과 인식변화는 00환경공단이 않고 있는 문제이다.

ESG 키워드 : 지역사회와 소통, WLB실천, 육아휴직제도 정착, 가족친화경영기업, 비정규직 정규직전환, 협력업체와의 상생을 통한 동반성장, 운영, 지역사회복지법인(장애인) 지원

사례8 : 00제조업

업종 : 자동차부품, 소재지 : 경남 양산시 어곡공단로 116 (어곡동)

직원 수 : 511

00제조업은 자동차부품을 제조하고 있는 기업이며, 80여개의 협력사에서 규격에 맞게 생산된 부품을 자동차의 핵심부품으로 조립하는 곳이다. 현장에서는 로봇팔이 끊임없이 부품을 조립하는 시스템이다.

이러한 현장에서 근로자들은 끊임없이 자기 개발을 통하여 불량없는 생산제품을 만들고 있다. 그러다 보니 00기업의 경영이념은 "선도적 기술혁신을 바탕으로 미래를 창조하고 인간존중을 구현한다"다. 즉 사람의 가치를 존중하는 인간중심의 기업 이념을 가지고 있다.

현장에서 근로 환경 개선을 위해 기존 2조2교대의 교대제를 3조2교대제로 개편하여 90여명의 충원인력을 새로 채용하는 고용창출의 기회도 제공했다. 특히 근로시간이 줄어든 만큼 단체협약을 통하여 임금을 전폭적으로 보전하는데 노사가 합의도 했다. 또한 근무 환경개선을 통하여 직무만족도를 높여 일하기 좋은 기업으로 거듭났다. 그러다 보니 노사파트너의 신뢰가 굳건해 졌으며 가족 같은 회사 분위기가 자연스럽게 보여졌다. 00기업에서 강조하는 것은 개인을 중시한다. 직급별 인재육성 프로그램을 운영하고 사이버연수원 구축을 통해 체계적인 교육훈련시스템을 운영하고 있다. 이를 통해 전문가를 양성하고 직원 개인의 직무능력 개발 및 향상에 항상 기업은 선도적으로 지원하고 있다. 00기업은 2014년 1억불 수출 대통령상을 수상을 시작으로 2019년부터 전기차 부품 생산공장 설립까지 향후 친환경과 지속가능 경영을 위한 ESG의 필요성이 대두되고 있다.

ESG키워드 : 노사파트너십, 근로환경개, WLB 실천,지역사회와의 연대(지역아동센터 후원), 학습체제구축(일학습 병행제), 근로자 직무능력 개발 지원, 작업환경 개선(3정5S 실천), 경영투명추구.

2. 업종별 ESG 이슈

ESG경영을 위해서 이해관계자들이 기대하는 핵심 이슈를 파악하고 이를 통한 실행력을 높이는 것은 중요하다. 특히 업종에 따라 기업이 가지고 있는 특성을 이해한다는 것은 어려운 일이다. 이를 위해서 ESG 경영에 대해서 이를 전략적으로 중요이슈를 파악하여 분석하고자 한다. 현재까지 ESG 평가기관은 125개 이상에서 표준을 제시하고 있으며 데이터 공급기관까지 포함하면 2020년을 기준으로 600여개의 지표가 존재하고 평가를 하고 있다. 몇 가지 업종의 평가를 위한 지표 사례는 다음과 같다.

공시기준	지표관련	GRI, SASB
	ESG체계	TCFD
평가기준	설문지	DJSI, CDP
	공개정보	KCGS, MSCI

*ESG관련 대표적인 기관에서 추진하고 있는 내용임

각 업종별 분류체계를 정리하는데 전 세계적으로 대표적인 ESG공시 공개 표준화 단체에서 제시한 공시 가이드라인 제시하고자 한다.

1. 소비재 산업 : 이 산업군은 대표적으로 친환경 원자재 사용 및 소비제품에 대한 개인의 위생과 관련된 제품을 생산하는 기업으로 분류한다. 국내에서 이러한 산업군에 있는 기업은 유한킴벌리가 이에 해당된다.

분야	세부적 내용
환경	에너지 배출 문제
	대기질 관련 위험도
	에너지 관리 상황
	물/폐수관리 분야
	생물 영향 문제
사회분야	지역사회와의 관계성
	고객의 개인정보
	기업내 데이터 정보 보안
	자사 생산제품 품질 및 안전도
	소비자 복리
	관행적 판매 및 제품의 안전도 표시
	노동관행에 관한 건
	근로자의 안전 및 위생
	근로자 참여 및 다양성
	제품의 디자인
	생산제품 원료조달 및 효율성 (공급체인관리)
지배구조	사업의 윤리성
	경쟁기업과의 불공정 행위
	법/규제 및 환경관리
	내부 시스템 리스크 관리

기준 : 소비재 산업은 평상시 국민생활에 밀접한 생활용품을 생산하기 때문에 관련된 이슈가 주로 평가의 기준이 됨. 따라서 환경분야에서는 **제품의 품질이나 안전 문제, 사회가치분야에서는 제품의 디자인 그리고 공급체인 관리 부분**을 가장 중요하게 보고 있다는 것을 알 수 있다.

2. 식품/음료산업

이 산업군은 건강식품 또는 개인의 먹거리에 해당되며 소비자의 건강에 직접적으로 영향을 미치는 산업이다. 그러다 보니 식생활과 개인생활 및 사회생활에 있어 영향균형이 필요하고 국민의 행복한 식생활 문화에 기여해야 하는 기업군이다. 대표적으로 풀무원 식품이 있다.

분야	세부적 내용
환경	온실가스 배출 문제
	대기질 관련 위험도
	에너지 관리 상황
	물/폐수관리 분야
	생물 영향 문제
사회분야	지역사회와의 관계성
	고객의 개인정보
	기업내 데이터 정보 보안
	자사 생산제품 품질 및 안전도
	소비자 복리
	관행적 판매 및 제품의 안전도 표시
	노동관행에 관한 건
	근로자의 안전 및 위생
	근로자 참여 및 다양성
	공급체인관리
	생산제품 원료조달 및 효율성
지배구조	사업의 윤리성
	경쟁기업과의 불공정 행위
	법/규제 및 환경관리
	내부 시스템 리스크 관리

기준: 식품/음료산업은 제품을 생산하는 과정에서 발생하는 환경문제가 주 관심목록이며, 긍극적으로 이러한 서비스는 국민 건강과 직결되는 문제를 주로 지표에서 활용하고 검증하고 있다. 환경분야는 에너지관리, 물/폐수 관리, 사회가칭분야에서는 제품품질/안전, 소비자 복리, 판매대행/제품표시, 공급체인관리 및 재료조달/효율성을 가장 중요하게 보고 있다.

3. 서비스산업

이 산업군은 종류가 다양함으로 각 산업의 분류를 세밀하게 살펴보아야 할 것이다. 다만 서비스 업종의 특성상 생활의 편의와 삶의 질 향상을 위하여 필요한 것이니 만큼 ESG경영을 위해서는 많은 분야에 대한 관심과 준비가 필요할 것으로 판단됨. 대표적으로 스타벅스가 있다

기준 : 이 산업군은 서비스 산업의 특성상 불편하거나 문제가 발생되면 개인의 문제와 직결되면서 가장 민감하게 나타날 수 밖에 없기 때문에 환경과 사회가치 분야 그리고 지배구조에서 다양하게 평가 기준이 선정되고 있다.

분야	세부적 내용
환경	온실가스 배출 문제
	대기질 관련 위험도
	에너지 관리 상황
	물/폐수관리 분야
	생물 영향 문제
사회분야	지역사회와의 관계성
	고객의 개인정보
	기업내 데이터 정보 보안
	자사 생산제품 품질 및 안전도
	소비자 복리
	관행적 판매 및 제품의 안전도 표시
	노동관행에 관한 건
	근로자의 안전 및 위생
	근로자 참여 및 다양성
	공급체인관리
	생산제품 원료조달 및 효율성
지배구조	사업의 윤리성
	경쟁기업과의 불공정 행위
	법/규제 및 환경관리
	내부 시스템 리스크 관리

4. 기술/통신산업

이 산업군은 국민 생활에 대한 윤택함을 추구하고 문화수준을 높이며 생활수준을 높이는 기업이 해당된다. 그러다 보니 생활 편의성과 연계되어 있으므로 고객과의 관계성에서 발생되는 이슈가 주된 사업의 평가 기준이 된다. 대표적으로 LG전자가 이에 해당된다.

기준: 이 산업군은 생활의 편리성을 추구하면서 환경분야는 제품생산시 발생되는 에너지 관리, 사회가치분야로는 고객정보, 기업내 데이터보안,

노동관행에 관한 건, 근로자 참여 및 다양성, 그리고 생산제품 원료조달 및 효율성, 지배구조 분야에서는 사업의 윤리성, 경쟁기업과의 불공정 행위 등이 이에 해당된다.

분야	세부적 내용
환경	온실가스 배출 문제
	대기질 관련 위험도
	에너지 관리 상황
	물/폐수관리 분야
	생물 영향 문제
사회분야	지역사회와의 관계성
	고객의 개인정보
	기업내 데이터 정보 보안
	자사 생산제품 품질 및 안전도
	소비자 복리
	관행적 판매 및 제품의 안전도 표시
	노동관행에 관한 건
	근로자의 안전 및 위생
	근로자 참여 및 다양성
	공급체인관리
	생산제품 원료조달 및 효율성
지배구조	사업의 윤리성
	경쟁기업과의 불공정 행위
	법/규제 및 환경관리
	내부 시스템 리스크 관리

ESG에 대한 5문5답 Q&A

08

ESG 에 대한 Q&A

1. ESG는 왜 필요하며 목적은 무엇인가?

ESG 경영은 환경과 사회와 지배 구조 등 각각에서 기업의 지속 가능성을 예측해 볼 수 있는 세 가지 세밀한 분석이라고 정의 된다.

EGS는 기업이 주주자본주의에서 벗어나 이해관계자자본주의로 전환하는데 있어 이를 숫자로 표현하는 지표다. 기업들이 이윤만을 추구하던 경영방식에서 탈피해 모든 이해관계자의 요구를 충족시키는데 있어 ESG경영 평가가 활용되어야 하고, 이러한 방향으로 기업을 유도하는데 평가의 목적을 두어야 한다.

그동안 외부에서 기업을 바라봤을 때 과연 기업이 정말 잘하고 있는지 못하고 있는지를 판단하는 데는 많은 방법론이 있었다. 그런데 ESG는 환경적으로 기업이 환경에 어떤 침해를 주는 건 아닌지 또 사회적인 문제를 야기하는 건 아닌지 또 지배구조를 통해서 기업이 정말 좋은 일과 나쁜 일을 하는지를 판단하고 평가한다. 때문에 ESG에서 요구되는 내용으로 기업의 지속 가능성을 예측하는 방법론으로 가장 적합한 방법이라고 판단된다. 따라서 E(환경),S(사회),G(지배구조)의 3요소를 가지고서 "무엇을 바라볼 것인가"라는 가정을 해 보면 ESG는 현재 기업을 평가할 수 있는 대세라고 보고 있다.

2 ESG 경영이 기업에 도움이 되는가?

대한상공회의소가 조사한 놀라운 사실은 개인이 특정한 기업의 제품을 구매할 때 과거처럼 값싸고 품질도 중요하지만 실제로 그거보다 더 중요한 것이 그 제품을 만드는 회사가 E와 S와 G로 좋은 회사라고 우리가 알고 있다면 실제로 추가로 돈을 지불하겠다는 응답자가 약

88%라는 결과를 발표했다.

이러한 결과에서 얻을 수 있는 시사점은 이제 좋은 기업은 ESG 시대에 새로운 경쟁 우위가 될 수 있다는 걸 정확히 보여주는 것이다. 따라서 향후 기업체에서 물론 상장한 경우라든가 시가총액의 차이는 있겠지만 기본적으로 ESG를 잘하고 있는지 못하고 있는 지로 기업을 평가한다는 것이다. 여기에는 기업의 정확한 정보를 바탕으로 투자자를 보호하겠다는 것이다. 기업이 좋은지 나쁜지를 과거처럼 재무 성과만 갖고 보는 것이 아니라 환경과 사회와 지배구조를 통해서 보겠다는 거기 때문에 기업에서도 또 일반 소비자도 또 투자자도 상당히 관심이 높아지고 있는 추세이다.

3. 기업에서 ESG 경영은 중요한가?

기업에서 당장 ESG경영을 위해서는 평가를 받아야 한다. 그런데 지금까지 평가지표를 만들기 위해서는 예산과 인력 등 외적인 비용을 감수해야 한다. 그럼에도 불구하고 이를 준비해야 되는 이유는 다음과 같다.

첫째, 금융조달이다

기업을 운영한다는 것은 기본적으로 자기 돈만 가지고 사업할 수는 없는 것이다. 다연히 금융기관을 통해서 자금을 활용하거나 주식시장에서 융통하는 것이다.

먼저,금융기관에 돈을 빌리는 경우에 담보의 형태로 금융기관은 돈을 빌려줄 때 기본적인 비용을 부과한다. 이제 금융기관들은 ESG평가를 통하여 자금융통을 의무화하고 있다. 여기에는 이유가 있다. 따라서 ESG가 높다는 것은 지속가능성이 높은 회사라는 것이며 기업상태가 안정적이라는 것이다. 돈을 융통해 줘도 기업이 이를 갚을 능력이 충분하다는 것을 지표로 보여주고 있는 것이다.

두 번째로는 임직원들의 자부심이다.

개인이 기업을 선택한다는 것은 미래의 발전은 물론 임직원으로써 근무하는데 자부심을 갖는 것은 일의 효율성이나 좋은 인재를 채용하는데 중요한 요인이다. ESG를 통하여 다양한 지표를 대외적으로 공표함으로써 좋은 기업이라는 이미지로 홍보된다면 직장생활에서 자부심은 높아 질 것이다. 더구나 대외적 이미지로 인하여 기업은 경쟁력이 높아지고 기업이 활발하면서 이익창출과 더불어 임금, 복지도 높아 질 것은 당연하다. 따라서 임직원들은 우리 회사는 계속 잘 되겠구나 하는 긍정적 신호로서 ESG는 그 역할을 충분히 하는 것이다.

4. ESG을 위해 기업 또는 기업의 임직원은 무엇을 준비해야 하나?

ESG가 대세가 됨으로써 기업에서는 기회가 되어야 하고 이를 잘하기 위해서는 투자를 해야 한다는 것은 기본적인 개념이다.

그렇다면 도대체 무엇을해야 할 것인가? 라는 질문이 따른다.

현재 ESG관련 지표는 세계적으로 600개가 넘는다. 이는 어느 지표가 우리 기업에 맞는지 또는 어떤 평가 지표가 가장 적합한지에 대한 것을 판단하는데 혼란이 온다. 따라서 가장 기업에서 우선적으로 고려해야 할 부분은 경영의 내재화이다. 즉, 기업은 각종 지표라든지, 시스템을 갖추는 것도 중요하지만 우선적으로 ESG가 우리 기업에 어떤 의미가 있는지, 또는 대,내외적으로 ESG를 바라보는 우리 기업이 어떤 태도를 가지고 바라보고 있는지에 대한 근본적인 문화구축이 필요할 것이다. 그런 다음 우리 기업에 가장 적합한 핵심역량 혹은 산업의 특성을 감안하여 단기적 혹은 장기적으로 수행해야 하는 프로세스를 결정하고 기업 내부에서 핵심 지표를 설정하고 이를 도출하여 측정하는 과정이 필요하다.

5. ESG를 위해 중소기업은 무엇을 준비해야 할까?

2022년 현재 대한민국의 대다수 대기업과 공공기관은 ESG로 지속가능 경영에 대한 평가

지표를 만들고 이를 시행하고 있습니다.

이러다 보니 중소기업은 생존권의 문제로 이를 접근해야 합니다.

우리나라의 산업구조로 볼 때 일부 중소기업을 제외하고 가장 중요한 역할은 대기업과의 파

트너십입니다. 특히 원,하청으로 우리가 보통 1차 협력업체 2차 협력업체 구조입니다.

코로나 사태가 지속되면서 대기업 CEO의 역할에 대한 설문조사에서 현재 대기업들이 관심

을 가지고 있는 게 바로 공급망 관리입니다. 이는 대기업이 글로벌 기업으로 나가는데 있어

서 협력업체인 중소기업도 ESG 에 대한 평가로 판단할 수 밖에 없다는 시그널인 것이다.

따라서 ESG에 대한 준비가 부족하다는 것은 공급업체가 다른 기업으로 바뀔 수도 있다는 것

이다. 미국과 유럽연합에서는 이미 이를 시행하거나 준비하기 때문에 수출을 주도하는 대기

업 입장에서는 공급이 원활하게 하기 위해서는 각종 환경이슈나 기업의 사회가치 그리고 지

배구조에 대한 평가로 협력업체를 선정 할 수 밖에 없는 현실에 도달한 것이다.

이제 중소기업이 기존의 협력업체의 지위를 유지하거나 새로운 협력업체로 도약하기 위해서

는 소위 말하는 성적표가 필요한 겁니다.

MEMO

용어해설

09

9. 용어 해설

EPD (EnvironmentalProductDeclaration,환경성적표지)

제품 및 서비스의 원료 채취부터 생산, 수송, 사용, 폐기에 이르기 까지 전 과정에 대한 환경 영향을 계량적으로 표시해 공개하고 있다. 이렇게 함으로써 소비자들이 환경 친화적인 제품을 비교 선택할 수 있도록 지원하는 지표이다.

GPP (그린 파워 파트너십-Green Power Partnership)

대규모의 녹색전력에 대한 수요 증가에 힘입어 미국 환경보호청이(EPA)와 녹색전력파트너십(GPP) 회원단체들이 재생가능에너지원에서 녹색전력을 구매하는 것에 대한 환경편익을 최대화하기 위해 파트너십을 확대하는 작업. 즉 2007년 1월부터는 멤버십을 유지하기 위해 100% 재생가능에너지를 구매해야 한다.

세계경제포럼 (WEF)

세계 경제 포럼(World Economic Forum, WEF)은 저명한 기업인 · 경제학자 · 저널리스트 · 정치인 등이 모여 세계 경제에 대해 토론하고 연구하는 국제민간회의이다. 독립적 비영리재단 형태로 운영되며, 본부는 스위스 제네바주의 도시인 콜로니(Cologny)에 위치한다. '세계경제올림픽'으로 불릴 만큼 권위와 영향력이 있는 유엔 비정부자문기구로 성장하면서 세계무역기구(WTO)나 서방선진 7개국(G7) 회담 등에 막강한 영향력을 행사하고 있다.

1971년 1월 경제학자 클라우스 슈바프가 창설한 '유럽경영포럼(European Management Forum)'으로 출발했다.[1][2] 스위스 다보스에서 열린 첫 회의에 400명의 유럽 경영인들이 참가하였다. 1973년부터 참석 대상을 전 세계로 확장하였고 1974년 1월부터 정치인을 초청하기 시작했다. 1976년 회원 기준을 '세계의 1000개 선도 기업'으로 설정하였다. 1987년

'세계경제포럼(World Economic Forum)'으로 명칭을 변경하였다. 1981년부터 매년 1월에서 2월 사이 스위스 그라우뷘덴주에 위치하는 휴양 도시 다보스에서 열렸기 때문에 '다보스 포럼'으로 불리기도 한다.

WWF (World Wide Fund for Nature 세계자연기금)

스위스에 국제본부를 둔 세계 최대 규모의 자연보전기구이며, 전 세계 100개국에 500만명의 회원들이 글로벌 네트워크를 통해 함께 활동하고 있다. 멸종위기 동식물의 보전을 주목적으로 1961년 설립된 WWF는 현재 기후·에너지, 담수, 산림, 식량, 야생동물, 해양에 이르기까지 전 지구의 자연을 아우르는 종합적인 보전활동을 펼치고 있다.

인류와 자연이 조화를 이루며 사는 미래를 만드는 것을 궁극적인 목표로 하고 있는 WWF는 2014년 공식적으로 한국 법인을 설립하였으며, '1600+ 판다'와 '어스아워(Earth Hour,지구촌 전등끄기)' 등 대중이 자연보전에 관심을 갖고 함께 참여할 수 있는 다양한 캠페인을 비롯하여, 해양생태계 보전과 기후·에너지 이슈에 관한 다양한 프로그램을 운영하고 있다.

TCFD (Task Force on Climate-related Financial Disclosure)

기후변화와 관련하여 G20의 요청에 따라 금융안정위원회가 기후변화 관련 정보의 공개를 위해 2015년 설립한 글로벌 협의체이다. 78개국 2,000여개 이상 기관이 지지선언을 하였으며

TCFD 권고안은 ▲지배구조 ▲경영전략 ▲위험관리 ▲지표 · 목표 설정이라는 틀로 만들어졌는데, 전 세계 55개국 1057개의 금융 및 비금융 기관들의 지지를 받고 있다. 특히 EU 등 유럽지역에서 도입 논의가 가장 활발하다. 대표적으로 영국은 대형 상장기업에 TCFD를 의무화하는 방안을 추진하고 있다.

SASB (Sustainability Accounting Standards Board)

미국의 지속가능회계기준위원회가 제정한 환경·사회·지배구조(ESG) 관련 지속가능성 공시 기준이며 개념체계 및 적용 지침과 총 77개 산업별 기준으로 구성돼 있다.

SASB 기준에서는 지속가능성 보고를 수행 중인 국내 기업의 산업 특성을 고려해 개념체계· 적용 지침과 함께 10개의 산업별 기준에 대해 공개했다.

10개 산업 분야는 가정 및 개인용품·산업용 기계·상업은행·전력발전·주택건설·철강제조·전 기 및 전자장비·투자은행 및 중개·하드웨어·화학 등이다.

GRI (Global Reporting Initiative)

1997년 미국의 NGO인 CERES와 국제연합환경계획(UNEP) 등이 중심이 되어 설립한 기 구이며, 2002년 네덜란드 암스테르담에 본부를 둔 상설기관으로 확대 개편되었다. 현재 세 계적으로 통용되는 가장 권위 있는 지속가능성 보고서 가이드라인인 GRI 가이드라인을 제정 운영하는 기관이다. GRI의 비전은 모든 조직의 경제, 사회, 환경적 성과에 대한 보고의 정형 성과 비교 가능성을 재무보고의 수준으로 만드는 것이다.

ISO26000

사회적 책임에 대한 권고사항을 제공하는 규격이며, 조직이 지속가능한 운영을 할 수 있도록 지침을 제공하나, ISO 9001, 14001 등과 같이 인증을 받을 수 있는 규격은 아니다. 이 규 격은 투명하고 윤리적인 행동을 통해 조직의 경영 활동으로 인해 미치는 사회, 환경적 영향 에 대한 책임으로 정의한다. 사회적 위험과 영향을 파악하고 이를 관리하기 위해 가이드라인 에 포함된 7개 핵심 분야는 조직 거버넌스, 인권, 노동 관행, 환경, 공정 운영 관행, 소비자 이슈, 지역사회 참여와 발전 등이다.

지속가능 경영 (CSM; Corporate Sustainability Management)

기업의 모든 경영 활동 과정을 경제적, 환경적, 사회적으로 구분할 수 있지만 이를 통합하여 지속가능 발전을 추구하는 경영 패러다임이다.

지속가능 경영의 세 가지 각 구분은 구체적으로 경제의 질적 성장, 에코 효율성(Eco-Efficiency), 사회적 책임이라는 핵심 개념으로 분류하고 있다.

그린스완 (Green Swan)

블랙스완이 전혀 예측할 수 없는 상황이 발생한 것을 빗댄 용어. 즉, 환경 및 기후 변화로 기업이 금융위기의 가능성이 명백하게 발생될 가능성을 지칭한 것이다. 기업이 지속적으로 성장을 위해서는 글로벌 환경이 개선되어야 하는데 외적인 환경변화로 인하여 실물경제가 위기를 맞이한다면 긍극적으로는 금융위기로 이어질 수 있다고 보고 있다. 현재 코로나 사태로 인하여 전 세계 경기가 급락하고 경제가 위축되고 있는 상황이 이러한 현상이고 볼 수 있다. 따라서 이러한 위기 가능성에 대하여 그린스완을 분석하고 관리가 필요하다고 보고 있다. 급격 한 기후변화로 인한 금융위기의 명백한 발생 가능성을 지칭 한다. 각국 중앙은행 협력기구인 국제결제은행(BIS)은 2020년 1월 발간한 보고서 〈기후변화 시대의 중앙은행과 금융 안정〉을 통해, 기후변화가 환경과 사회를 위협하고 실물경제 위기를 발생시켜 종국에는 금융위기로 이어질 수 있으므로 그린스완을 분석해 관리해야 한다고 제언하였다.

그린워싱/ 위장환경주의 (Greenwashing)

전 세계적으로 ESG 경영에 대한 규제와 감시가 강화되면서 기업 활동이나 기업 측면에서 생산된 제품에 대한 친환경 비중이 반영되지 않았음에도 홍보성으로 소비자에게 이미지 제고의 목적으로 과장함으로써 ESG를 이용하고 위장하는 행동을 의미한다. 이를 실제 보다 과장하거나 ESG에 대한 관심과 투자가 증가하면서 기업이 자사의 친환경 적 측면을 실제 영향

보다 과장하는 경향을 일컫는다. 기업의 ESG 활동의 가치를 부풀려 홍보해 친환경 기업이라는 이미지 를 얻으려고 위장하는 행동을 의미한다.

IPCC (Intergovernmental Panel on Climate Change)

기후 변화와 관련된 전 지구적 위험을 평가하고 국제적 대책을 마련하기 위해 세계기상기구와 유엔환경계획이 공동으로 설립한 유엔 산하 국제협의체이다. 역할은 기후변화에 대한 과학적 근거를 제시하고 이에 따른 영향과 대응에 대한 객관적으로 평가 보고서를 작성하여 195개국회원국의 정부에 제공하고 있다. 교토의정서(1997), 파리기후변화협약(2015)의 과학적 근거를 제공했다.

이해관계자 자본주의 (Stakeholder Capitalism)

기업을 경영하는데 있어서 그동안 주주를 중심으로 경영 목표와 시스템을 설정하던 '주주 자본 주의(Shareholder Capitalism)'와 반대되는 개념이다, 즉, 기업을 운영하고 가치를 높이는데는 경영진 분만 아니라 이와 연관되는 생산제품을 소비하는 시장의 소비자, 제품을 생산하는 종업원, 최종 생산제품을 위한 협력 회사 등 기업 활동이 영향을 미치는 모든 관련자는 이해관계자이다. 따라서 단순히 기업의 경영목적이 주주 이익 극대화라는 목표를 넘어 기업과 관계된 이해관계자 모두의 이익을 고려해야 한다는 것이다.

스튜어드십 코드 (Stewardship Code)

기업가치를 높이고 지속가능한 성장을 유지하기 위한 목표로 기관투자자들이 적극적으로 기업의 의사결정에 참여하는 것을 의미한다. 특히 연기금,자산운용사 등 기관투자자의 의결권 행사를 독려하고 투자 기업의 잘못된 관행에 적극참여로 주주로서 제 역할을 수행하게끔 유도 하는게 핵심이다.

지속가능투자 (Sustainable Investing)

기관과 자금 운영사 그리고 개인들을 포함한 다양한 투자자들은 투자목표 달성을 위해 운용 프로세스에 지속가능성을 중시하는 접근방식을 택한다. 지속가능투자는 보다 나은 수익을 창출하고 위험을 관리하기 위해 재무적 요인과 함께 ESG 요인을 고려하는 투자전략이다.

탄소가격제 (Carbon Pricing)

기업의 생산과정에서 발생되는 환경 유해 물질에 대해 원인제공자 지불 원칙에 따라 배출한 탄소에 비용을 책정함으로써 온실가스 감축을 유도하기 위한 제도이다. 대표적으로 온실 가스 배출권거래제(ETS), 탄소세 등이 있다. 특히 온실가스 배출권거래제는 전 세계 46개 국가에서 시행 중이며, 한국은 2015년부터 실시하고 있다

탄소국경(조정)세 (Carbon Border Adjustment Mechanism)

상호 호혜 원칙에 근거하여 국가 간 무역 거래 시 탄소배출 규제가 약한 국가에서 강한 국가로 제품을 수출할 때 적용되는 무역 관세를 의미한다. EU는 그린 딜(European Green Deal)의 일환으로 2023년 도입을 예고하였다.

탄소세 (Carbon Tax)

기후 협약에 따라 시행되는 규약으로 탄소 감축 대책의 하나로 탄소 함유량에 비례해 세금을 부과 하는 제도다. 석탄, 석유 등 이산화탄소를 배출하는 화석연료에 세금 부과로 가격을 인상하여 탄소배출량 절감을 유도하는 것이 목적이다. 1990년 핀란드를 시작으로, 스웨덴, 덴마크, 캐나다 등 26개국에서 시행하고 있으며, 한국 정부도 2050년 탄소중립 목표 달성을 위해 탄소세 도입을 추진하고 있다.

ESG 채권

ESG 가치를 실현하기 위해 환경, 사회, 지속가능성 등에 해당하는 사업 및 프로젝트에 한정해 발행하는 특수목적 채권을 통칭한다. 사회책임투자 (SRI)채권으로 불리기도 한다. 크게 녹색채권(Green Bond), 사회적 채권(Social Bond), 지속가능채권(Sustainability Bond)으로 구분된다.최근 국내 외 에서 ESG 채권 발행은 급증하고 있다. 2020년 기준 국내 ESG 채권 발행액은 58조 9000억 원, 글로벌 발행액은 약 560조 원에 달한다.

녹색채권 (Green Bond)

ESG에서 E(환경) 위한 신재생에너지 등 친환경 프로젝트나 사회기반시설에 투자할 자금을 마련하기 위해 발행하는 채권이다. 친환경 관련 사업 등에만 사용할 수 있어 녹색산업을 분류하는 택소노미 (Taxonomy·녹색분류체계)의 역할이 중요한 분야다. 글로벌 ESG 채권의 80% 이상을 차지한다.

사회적 (가치) 채권 (Social Bond)

ESG에서 S(사회) 분야에 관련되어 사회가치 창출 사업에 투자할 자금을 마련하기 위해 발행하는 채권이다. 주거복지, 중소기업 지원, 일자리 창출, 취약계층 지원 등이 목적이다. 특히 초창기 국내 ESG 채권은 주택금융공사, 한국장학재단, 중소기업벤처진흥공단 등 공기업에서 발행한 사회적 채권이 주를 이뤘다.

국가온실가스감축목표 (NDC:NationallyDetermined Contributions)

기후 온난화 현상으로 전 지구에서 나타나는 이상 현상에 대한 대비책으로 지구 평균기온 상승을 산업화 이전보다 2℃ 이하로 유지하는 것을 목표로 하는 파리기후변화협약에 따라, 각 국가가 5년 마다 제출해야 하는 자발적인 감축 목표이다. 한국은 2030년까지 2017년 온실가스 배출량 대비 24.4% 감축을 제시했으며 2025년까지 목표를 상향하겠다고 밝힌 바 있다.

그린 뉴딜 (Green New Deal)

환경,기후 변화에 위해 되는 산업에서 저탄소, 신재생에너지 등 녹색산업을 경제의 새로운 성장 동력으로 지원함으로써 기존의 화석연료 기반의 산업으로부터 전환하여 산업전환을 목표로 하는 정책을 의미한다.

녹색분류체계 (Green Taxonomy)

산업가치체계를 분류하는데 있어서 친환경 산업 및 금융 활동의 정의를 제공하는 기준이다. 이에 따라 ESG 경영의 가치에 대한 그린워싱을 사전에 방지하고 환경에 기여할 수 있는 지속가능한 프로젝트에 자금 공급을 지원한다. 2022년부터 EU 에서는 공식 사용되고 있다 EU의 녹색분류체계는 (1)기후변화 (2)리스크 완화 (3)기후 변환 리스크 적응 (4)수자원 및 해양생태계 보호 ((5)순환경제로의 전환 오염물질 방지 (6)관리 생물다양성 및 생태계 복원 등 6개 분야로 산업을 구분한다.

유럽 기후법 (European Climate Law)

2050년 기후중립 달성을 위한 유럽 그린 딜(European Green Deal)의 제도적 기반이 되는 법안으로, 2020년 기후중립 달성이 골자다. 2020년 3월 EU 집행위원회에서 제안된 후 10월 유럽의회 심의에서 채택됐다. 2030년 온실가스 감축 목표 재설정(1990년 대비 60% 감축) 역내 모든 회원국의 2050년 기후중립 달성 2040년 온실가스 감축 목표 설정 2023년까지 역내 모든 직·간접적 화석연료 보조금 철폐 등이 담겼다.

유엔기후변화협약 (UNFCCC:UnitedNationsFramework Convention on Climate Change)

기후 변화에 관한 유엔 기본 협약 은 온실 기체에 의해 벌어지는 지구 온난화를 줄이기 위한 국제 협약이다.

1992년 5월 브라질 리우데자네이루에서 열린 환경회의에서 채택된 협약으로 지구온난화에 따른 이상 기후현상을 예방하는 것을 목표로 한다. 국가별 온실가스 배출 현황에 대한 국가 통계 및 정책 이행에 관한 보고서 작성 온실가스 배출 감축을 위한 정책 수립 및 시행 온실가스 배출량 감축 권고 등이 주요 내용이다. 이후 교토의정서(1997), 파리기후변화협약(2015) 이 차례로 채택됐다.

유엔지속가능발전목표 (UN SDGs : UN Sustainable Development Goals)

2015년 제70차 UN 총회에서 2030년까지 달성하기로 결의한 의제로, 지속가능발전 이념을 실현하기 위한 인류 공동의 약속 이다. 경제성장, 사회발전, 환경보호라는 세 가지 축을 기반으로 한 지속가능성(sustainability) 개념에서 비롯됐다. 인간, 지구, 번영, 평화, 파트너십의 5개 영역에서 17개 목표와 169개 세부목표를 제시한다.

지속가능성 기준위원회 (SSB : Sustainability Standards Board)

2020년 9월 IFRS(국제회계기준) 재단은 '지속가능성 보고에 관한 협의문서(Consultation Paper on Sustainability Reporting)'를 통해 지속가능성 보고 표준 제정을 위해 지속가능성 기준위원회(SSB) 창설 계획을 발표하였다. SSB의 창설, 운영, 표준 제정 접근방법에 대하여 2020년 10~12월 동안 전 세계 전문가들로부터 의견 수렴을 진행했으며, 2021년 SSB를 출범시켜 ESG 회계 표준을 마련했다.

파리기후변화협약 (Paris Climate Change Accord)

2015년 12월 파리에서 개최된 제21차 유엔기후변화협약 당사국총회(COP21)에서 채택된 기후변화 대응에 관한 국제 협약이다. 195개 모든 회원 당사국에 보편적인 구속력이 있는 첫 기후 합의이며 궁극적으로 전 세계가 지구를 지키기 위한 장기목표 감축 시장, 메커니즘 도입, 이행점검 그리고 재원 기술 등에 대한 내용이 담겨있다. 당사국이 자발적 감축목표(NDC)를 제출하고, 2020년부터 5년마다 정기적으로 결과를 보고해 이행을 점검한다.

RE100 (Renewable Energy 100%)

기업 활동에 필요한 전력의 100%를 태양광과 풍력 등 재생에너지를 이용해 생산된 전기로 사용하겠다는 자발적인 글로벌 캠페인. 2014년 영국의 글로벌 비영리기구 클라이밋그룹(Climate Group)이 시작한 글로벌 기업 재생에너지 이니셔티브로, CDP(탄소정보공개프로젝트)와 연합해 탄생했다. 2050년까지 기업의 재생에너지 사용을 100%까지 끌어올리는 것을 목표로 한다. 전 세계 280개 이상의 글로벌 기업이 가입했으며, 한국에서는 2020년 11월 SK그룹 8개사가 최초로 가입했다.

PRI (Principles for Responsible Investment)

오늘날 ESG의 출발점이라고 할 수 있으며 전 유엔사무총장이었던 코피 아난이 주도적으로 설립한 기구이다. 기관 투자자 그룹에게 사회적 책임투자를 위한 원칙을 개발하는 데 참여해 달라고 요청하였는데, 그 결과 12개 국가 20개 기관투자자 대표들로부터 동의를 이끌어 내었고, 2006년 미국 뉴욕증권거래소에서 30여개의 금융기관장들과 PRI를 출범하였습니다. PRI는 6개의 투자 원칙과 세부 실천 프로그램으로 구성되어 있는데, 이 투자 원칙에 ESG라는 용어가 처음으로 등장하였다.

PRI의 주요 골자는 투자 의사결정 시에 ESG 이슈 반영, 투자 대상 기업의 ESG 이슈 정보

공개 요구, PRI의 충실한 이행이며, 현재 PRI에 서명한 기관은 48개국 총 3000 여 개가 넘으며, 이 자산은 100조 달러(11경 6000조)가 넘는 금액이다.

CSR Corporate Social Responsiblity)

기업이 생산 활동을 하면서 이윤을 목표 외에 지역 사회 및 주변 이익을 동시에 추구하는 모든 활동을 말한다. 즉 취약계층에 대한 사회서비스 제공, 수익에 대한 사회적 재투자, 지역 공통체 활성화 투자 등 사회적 목적으로 사용하는 것이며 이를 통해 기업은 경제, 환경, 사회 측면에서 지속적인 성과를 창출하여 기업의 가치를 증진하고자 한다. 통상적으로 CSV와 비교하여 기업의 책임인 이윤을 달성한 이후 사후적 사회서비스로 이해된다.

CSV(Creating Shared Value)

CSV는 '경제적 가치와 사회적 가치를 동시에 창출하여 공유가치의 총량을 확대하는 비즈니스 로서 기업의 긍정적인 사회변화 유도와 비즈니스 가치증대를 연결시키는 새로운 접근방식이다. CSV의 핵심은 기업이 직면한 사회·환경적 이슈에서 새로운 비즈니스 기회를 모색하는 데 있으며 사회문제를 비즈니스 모델에 포함시킴으로써 사회문제 해결과 기업의 이윤 창출을 동시에 이루는 것이다. CSR과 비교하여 사업초기부터 공동체와 협력적 관계 구축이다.

SV(Social Value)

기업이 경영활동을 하면서 나타나는 경제적 가치분만 아니라 사회·환경·문화 등 모든 영역에서 공공의 이익과 공동체 발전에 이바지할 수 있는 가치를 의미한다. 현대 사회에서 기업의 역할은 다양하게 사회와 연계되어 활동을 요구받고 있다. 구체적 사회활동으로 안전, 환경, 사회적 약자 배려, 양질의 일자리 창출, 상생협력, 사회통합 등과 협력적 관계를 포함하고 있다.

SDG (Sustainiable Development Goals)

2015년 UN에서는 2030년까지 달성할 목표로 인류가 나아가야 할 방향성을 인간, 지구, 번영, 평화, 파트너십이라는 5개 영역에서 17개의 목표(goals) 아래 169개의 세부 목표 (target)가 있고 이에 대한 진척 사항을 파악하기 위한 244개의 지표로 구성한 것이다. SDG 는 특정 기업이나 국가만이 달성해야 할 목표가 아닙니다. 선진국이든 후진국이든, 기업이든 정부든, 조직이든, 개인이든 지구에 발 딛고 사는 누구나 실행하고 지켜야 할 약속이라고 할 수 있습니다. SDG를 기업 평가에 적용하는 투자 기관자들도 늘어나고 있고, SDG 펀드 같은 것들도 생기고 있습니다.

다우존스지속가능경영지수-DJSI

글로벌 금융정보사인 미국 S&P Dow Jones Indices와 지속가능경영평가 선도기업인 RobecoSAM사가 개발하여 지난 1999년부터 전세계 2,500개 기업(시가총액 상위 기업)을 대상으로 기업의 지속가능성을 평가하는 평가기법으로 기업의 가치를 재무적 정보 뿐만 아 니라 사회적, 환경적 성과와 가치를 종합적으로 평가하는 글로벌 평가 모형

모건스탠리캐피탈인터내셔널(MSCI)

MSCI 국제 및 세계 자본 지수들은 1970년 이래로 산출되어 왔다. 이 기업의 가장 유명한 지수들로는 MSCI World와 MSCI EAFE가 있다. MSCI 지수들은 국제적인 자기자본 포트 폴리오들의 성과를 측정하는 벤치마크 지수로써 널리 활용되고 있으며, 인덱스 펀드나 상장 지수 펀드(ETF; exchange-traded fund)와 같은 소극적 투자 상품의 근간이 되고 있다.

MEMO

마무리하면서

10

10. 마무리하면서

임원 성과급의 환경·사회·지배구조(ESG) 성과 연계가 전 세계적인 화두다.

2021년 스타벅스 주식은 약 8.6% 상승에 그쳤다. 기업의 명성과 지명도로 볼 때 그렇게 상승효과가 높게 나타났다고는 보지 않았다. 하지만 임원 성과급이 대규모로 발표 되었을 때 과연 타당한지에 대한 찬반의 논란이 되고 있다. 아시다시피 ESG 지표에 있어서 기업의 가치나 성장에 대한 달성 지표가 포괄적이고 주가의 상승에 대한 기여 여부에 대한 판단이 기존 성과급의 효과를 떨어뜨린다는 논리도 있다. 그럼에도 불구하고 이제는 ESG와 성과 연계가 당연시 되고 있다. 스타벅스에서 그 이유를 찾을 수 있다.

존슨 CEO의 2021년 ESG 관련 목표에는 전 세계 스타벅스 체인에서 플라스틱 빨대 사용과 메탄 방출을 줄이는 것뿐만 아니라 소수 인종 노동자를 위한 다양성 정책 개선이 포함돼 있다.

많은 자산 운용사들이 임원 급여와 ESG 지표를 연계하지 않은 기업에 적극적으로 의결권을 행사하고 있고 행동주의 펀드의 연계 캠페인에 적극 동참하고 있다. 6730억 유로의 자산을 운용 중인 독일 알리안츠는 의결권 행사 지침을 개정하면서 올해 주주 총회 참여를 위해 투자 대상 기업 임원 급여의 ESG 연계 여부를 검토 중인 것으로 알려졌다. 스웨덴의 대표적 행동주의 펀드인 세비앙 캐피털도 기업의 ESG 실적과 임원의 성과급을 연계하지 않은 기업에 적극적으로 영향력을 행사하기 시작했다.

이러한 ESG 평가 기준이 보편화 되면서 ESG 관련 목표는 기업의 장기 지속 가능성을 강화하기 때문에 필수적이고 측정 가능하며 공격적인 ESG 목표가 임원 성과급과 연계돼야 한다는 의견이 지배적이다. 평가 기관조차 이러한 흐름에 동조하면서 글로벌 기업에서는 이제 대세가 되고 있다.

2022년 현재, 대한민국의 ESG 열풍에 있어서는 그 어느 국가보다도 비견될 수 없을 만큼 뜨겁게 지속되고 있다. 다만 이러한 분위기가 지속되기 위해서는 ESG로 인하여 얻어지는 이익을 공유하는데 있어서 단순히 기업의 성과로 한정되지 않았으면 한다. ESG가 추구하는 있는 비재무적인 가치 실현을 협력사는 물론 지역 이해관계자들과 함께 공유할 수 있다면 좀 더 나은 사회로 발전하는데 기회가 될 것으로 본다.

MEMO

출처

11. 출 처

김영기 외: ESG경영

데일리임팩트(http://www.dailyimpact.co.kr)서진석 팀장님 블로그 포스트의 그림을 참

고해 재가공버전

(출처: https://m.blog.naver.com/campsis/222229608179)

위키백과https://ko.wikipedia.org

사회적가치연구원: ESG 용어해설집https://svhub.co.kr

한국사회적기업진흥원:https://www.socialenterprise.or.kr

IMPACT ON(임팩트온)(http://www.impacton.net)

관계부처 합동:K-ESG가이드라인 v1.0

연합인포맥스(http://news.einfomax.co.kr)

환경일보(http://www.hkbs.co.kr)

한국무역협회:2021년 수출입 평가 및 2022년 전망

KOTRA: Global Market Report:해외기업의 ESG 대응 성공사례

노사발전재단:일터혁신 컨설팅 우수사례 및 평가(2017,2018)

노사발전재단:노사파트너십 우수사례(2018.2019)

현대경제연구원:지속가능경영의 도입 프레임워크

한경비지니스:ESG 리뷰-ESG에 적극적인 임원에 성과급 더 줘야-KB증권 ESG솔루션팀

KOSME(중소벤처기업진흥공단):ESG 중소기업 지표 활용방안

KOSI(중소벤처기업연구원):ESG 중소기업의 필요성

사단법인 네스트:한국산업계가 직면한 기후 리스크의 손익 영향도 분석

ESG TV:중소 중견기업 ESG온라인 강의 2탄-제 10문 10답

호박너구리의 산업분석:ESG의 배경과 현황

바다를품은물방울:산업혁명으로 인한 유럽사회의 변화(2013.9)

매일경제:ESG 중 국내기업 최대 관심사는 '환경'(2022.2)

교보문구:자본주의 역사와 지배구조의 변화(임동민,2019,4)

경향신문:'2050'탄소제로 달성하려면 신규 원전에 680조 투자해(2022,1)

아이뉴스24:온실가스 배출량 지속하면 21세말 평균 기온, 지금보다 4도↑(정종오,2021,)

아이뉴스24:기후급변의 시대…생존의 길 스스로 찾다(정종오 2021,11)

도산아카데미:ESG총정리(착한 자본주의 가는길)-(최남수,2021)

머니투데이:'ESG 경영 가속화...최우선 과제 될까?

대한상의 ESG 포럼:ESG전략과 중소기업 준법경영(이광욱)

대한상의 ESG 경영포럼:중소기업 ESG 경영전략(김정남 삼정 KPMG)

사회적가치연구원:SDGs함께하기 시리즈-사회적 가치 창출이 곧 기업의 생존전략(박성훈

연구실장)

사회적가치연구원:기업의 생존과 직결되는 사회적 가치?(박성훈 연구실장)

오파스냇:지속가능 경영 중요성/필요성/전략방법((2013,12)

매일경제:부동산 시장도 ESG(2021.10)

ESGTV:ESG경영의 이해, 중소,중견기업의 ESG경영 필요성

뉴데일리 경제 칼럼:ESG 경영,규제가 아닌 제도적 뒷받침 필요(2021,10)

매일노동뉴스: 중대재해처벌법 관련 S(사회)분야 기고문 참고(2022,1)

일터혁신 컨설팅 조직방법론 연구:노동연구원 2021,

Eeckelaert,Dhondt, Oeij, Pot,Nicolescu, Webster & Elsler, 2012)

Oeij & Dhondt, 2017

리베카 핸더슨:하버드 ESG경영수업 "자본주의 대전환"(임상훈 옮김,2021,4) P32-37,

P54-57, P119-121, P224-227. P337-341,

삼성반도체https://semiconductor.samsung.com/kr/, 지속가능보고서

포스코케미칼https://www.poscochemical.com/,지속가능 보고서

롯데케미칼https://www.lottechem.com/, 지속가능 보고서

SK케미칼https://www.sktelecom.com/, 지속가능 보고서

SK하이닉스https://www.skhynix.com/, 지속가능 보고서

LG유플러스https://www.uplus.co.kr/, 지속가능 보고서

LG화학https://lgchem.com/, 지속가능 보고서

LG디스플레이https://www.lgdisplay.com/, 지속가능 보고서

현대제철https://www.hyundai-steel.com/kr/index.hds,지속가능 보고서